MANUELA ABERGER

POLYamorie
Lieben ohne Grenzen

Ebozon Verlag

Buch

"Polyamorie - Lieben ohne Grenzen" stellt das gleichzeitige Lieben mehrerer Menschen mit dem Einverständnis aller Beteiligten systematisch mit vielen Beispielen vor. Dieses gut strukturierte Buch widmet sich den Herausforderungen und Vorteilen dieser Partnerschaftsform und hilft der Leserin, wie dem Leser, bei der Einschätzung eigener Neigungen.

Singledasein und Paarbeziehung gelten gleichermaßen als mögliche Basis. Neben dem offenen steht das geschlossene Modell ohne externe Beziehungen. Weiter diskutiert dieses anschauliche Buch familienartige Ausprägungen der Polyamorie. Abgrenzungen zu Polygamie und Swingen leiten dann über zur historischen Betrachtung polyamorer Beziehungen. Für Deutschland folgen rechtliche und finanzielle Analysen dieser Partnerschaften inklusive sorgerechtlicher Aspekte. Für den deutschsprachigen Raum nennt dieses Werk zahlreiche Netzwerke polyamorer Menschen und Online-Medien. Mit einem Ausblick auf klassische Literatur zu entsprechenden Lebensmodellen findet "Polyamorie - Lieben ohne Grenzen" zu seinem einsichtigen Nachwort.

Über die Autorin

Manuela Aberger ist 1987 geboren und lebt in Tirol. Sie ist freiberufliche Texterin, Journalistin, Autorin und SEO-Texterin seit September 2010.

MANUELA ABERGER

LIEBEN OHNE GRENZEN

EBOZON VERLAG

Dieses Buch ist auch als eBook erhältlich.

Bibliografische Information der Deutschen Nationalbibliothek:
Die Deutsche Nationalbibliothek verzeichnet diese Publikation in der Deutschen Nationalbibliografie; detaillierte bibliografische Daten sind im Internet über http://dnb.dnb.de abrufbar.

Printausgabe 1. Auflage Mai 2017

ein Unternehmen der CONDURIS UG (haftungsbeschränkt)
www.ebozon-verlag.com

Umschlaggestaltung: media designer 24
Umschlagfoto: pixabay.com
Layout / Satz: Ebozon Verlag
Druck: CPI Druckdienstleistungen GmbH,
Ferdinand-Jühlke-Straße 7, 99095 Erfurt

ISBN: 978-3-95963-379-6

Inhaltsverzeichnis

1. Einleitung

Neulich in einer Bar

Tara sitzt an der Bar. Sie ist einfach umwerfend, hat lange Beine, lange goldene Locken, ein enges Kleid – der absolute Hammer. Jeder Mann, der sie sehen würde, wüsste sofort, dass er am Ende des Abends bestimmt mit ihr im Bett landen würde. Er kann nichts falsch machen. Die Funken sprühen, alles ist perfekt!

Ein Mann geht auf sie zu, flirtet mit ihr. Nach kurzer Vorstellung – er heißt Mika – und ein wenig Geplänkel beginnen die beiden, sich zu küssen. Nach einiger Zeit fasst er seinen Mut zusammen und fragt sie, ob sie ihn noch für weitere Aktivitäten nach Hause begleiten möchte. Tara ist angetan und schlägt ihre Wohnung vor. Mika sieht sie an und sagt: „Ich gebe noch schnell meiner Freundin Bescheid, dann können wir sofort aufbrechen." Mit großen Augen schaut sie ihn an – und bekommt vor Staunen den Mund nicht zu. Sie erstarrt, bewegt sich nicht. Mika ist erstaunt, dass dieser Satz bei ihr eine derartige Reaktion auslöst. Nachdem sie sich wieder gefangen hat, entgegnet sie: "Was meinst du damit, du hast eine *Freundin*?" Er beginnt ihr zu erklären, dass er mit seiner Freundin hier ist. Doch sie sei bereits mit einem gut gebauten, dunkelhaarigen Mann verschwunden und er habe sie schon seit einer Stunde nicht mehr gesehen. Doch sie hört gar nicht richtig hin, was er sagt. Sie ist noch immer schockiert über den Umstand, dass er eine Freundin hat. Das hindert ihn nicht daran, weiterzusprechen: „Ja, die Hübsche, die da gerade zur Tür hereinkommt." Und dennoch lässt sie der Schock noch immer nicht los. Wie kann er nur mit ihr flirten und knutschen, während seine Freundin danebensteht? Sie fühlt sich wie im falschen Film. Als wäre die Welt für einen Augenblick stehen geblieben.

Er versucht auf ihre Frage einzugehen: „Wir sind *poly*.“ Sie versteht es immer noch nicht, also setzt er fort: „Meine Freundin und ich führen eine offene Beziehung. Jeder darf auch andere Erfahrungen machen. Mit anderen Partnern schmusen oder schlafen. Wir können nebeneinander auch noch eine weitere Beziehung führen. Das ist ganz in Ordnung so. Sie scheint sich zu beruhigen und fragt neugierig nach: „Betrügt ihr euch dann nicht gegenseitig? Bist du nicht eifersüchtig?“ Er erklärt ihr, dass das in Ordnung ist, denn es ist ja zwischen ihm und seiner Freundin so vereinbart. Betrug und Eifersucht, das ist kein Thema zwischen ihnen.

Mika will natürlich weiterhin Tara in ihre Wohnung begleiten, doch diese muss sich erst von ihrem Schock erholen und stellt weitere Fragen: „Das heißt, sie ist dir völlig egal.“ Er behandelt das Thema mit beeindruckender Selbstverständlichkeit. Er erklärt ihr, dass er sowohl mit seiner Freundin schlafen kann als auch mit der blonden Schönheit. Er darf mit anderen Frauen flirten und auch Beziehungen mit ihnen eingehen. Ehrlichkeit scheint ihm sehr wichtig in seiner Beziehung zu sein, daher versucht er ihr zu erklären, dass er seiner Freundin mitteilen möchte, dass er nun mit einer anderen ins Bett gehen wird, damit sie sich keine Sorgen um ihn zu machen braucht. Normalerweise könne er auch gar nicht so schnell mit einer Frau ins Bett gehen, er brauche das Vertrauen und müsse jemanden erst ausreichend kennenlernen, damit es für ihn auch im Bett klappen würde. Er geht alles so an, wie man es eben angeht, wenn man die Absicht hat, mit einer zweiten Person eine dauerhafte Beziehung einzugehen.

Dennoch kann sie nicht verstehen, als wen oder was sie sich selbst in diesem Konstrukt nun sehen soll – als Liebhaberin, Kurtisane, Flittchen, Zweitfrau? Diese Vorstellung entrüstet Tara eher, als dass sie ihr gefallen könnte. Mika entgegnet nur: „Was genau daraus wird, das weiß ich nicht. Wenn es zwischen dir und mir passt, kann es eine Beziehung werden. Aber ich fände eine Liebschaft toll. Das kann sehr erfrischend sein. Auf diese Weise siehst du auch nur die Schokoladenseite, die schönen Seiten einer Beziehung. Aber im Moment möchte ich einfach nur den Abend mit dir genießen.“ Sie ist weiterhin entsetzt über seine Worte und seine Einstellung. Sie kann es nicht verstehen und dem nichts abgewinnen. Nachdem sie sich von dem Schock erholt hatte, fragt sie ihn noch sehr lange über seine Lebensform und Lebensweise aus. Sie ist sehr interessiert, wie das Leben als „Poly“ läuft und wie die Vereinbarungen zwischen seinen Partnerinnen aussehen. Nach einiger Zeit verabschiedet sich seine Freundin von ihm und teilt ihm mit, dass sie die Nacht woanders verbringen wird. Für ihn ist es in Ordnung. Obwohl sich Tara für die Lebensweise sehr interessiert, geht sie nicht mehr mit Mika nach Hause. Und er will es dann auch nicht mehr. Ihre Telefonnummer speichert er jedoch und kontaktiert sie nach einigen Tagen wieder.

2. Was ist Polyamorie?

Was bedeutet Polyamorie? Können Sie selbst, liebe Leser, nur eine Person lieben oder halten Sie das Konzept der Monogamie für konservativ und veraltet?

- Polyamorie ist die *„Bereitschaft/Fähigkeit/Entscheidung/Philosophie, mehr zu lieben, mehrere (Menschen) zu lieben, d.h. mehr als eine sexuell-erotische Beziehung über einen bestimmten Zeitraum zu führen.“*[1]
- Polyamorie kennzeichnet sich durch vier entscheidende Kriterien und bietet damit die Abgrenzung zu anderen Formen wie *Polygamie* und Swingen. Polyamorie stellt keinen Betrug am Partner dar, sie ist keine Polygamie, beschreibt mehr als Freundschaft, aber die Partner leben nicht monogam und Polyamorie ist auch kein Swingen. Außerdem gibt es bei der Polyamorie moralische Grundsätze und Regeln, welche die Partner für sich selbst definieren.[2]
- Polyamorie ist eine Form von Partnerschaft, ein Konzept oder ein Modell. Es geht vor allem darum, dass die Partner ehrlich und bewusst dieses Modell wählen, es geht um Liebe, die von beiden – besser gesagt – von allen Partnern erwidert wird.[3]

[1] http://christianruether.com/wp-content/uploads/2013/02/Gesch-Freie-Liebe-offene-Ehe-und-Polyamory.pdf

[2] http://christianruether.com/wp-content/uploads/2013/02/Gesch-Freie-Liebe-offene-Ehe-und-Polyamory.pdf

[3] http://christianruether.com/wp-content/uploads/2013/02/Gesch-Freie-Liebe-offene-Ehe-und-Polyamory.pdf

Polyamorie hat zahlreiche **Vor- und Nachteile.** Das sollten Sie sich, bevor Sie sich auf eine solche Beziehung einlassen, vor Augen führen.

2.1 Nachteile

- Zu jeder Beziehung gehören Streit und Missverständnisse. Je mehr Partner Sie hätten, desto komplexer würden das Geflecht und somit auch die Wahrscheinlichkeit, dass Sie viele Auseinandersetzungen oder sogar mehr Auseinandersetzungen mit Ihren Partnern haben würden oder hätten.
- Schon die Einigung bei einem Streitthema mit einem Menschen ist schwer. Wie viel schwieriger würde es sich mit mehreren Partnern gestalten. Ihnen könnte
- das Herz gleich mehrfach auf einen Schlag gebrochen werden. In Poly-Beziehungen lieben sich ja bekanntlich mehrere Personen.
- Es bestünde die Gefahr, dass Sie auch Ihre Familie, nämlich Eltern und Großeltern verlieren. Schockiert könnten sie sich von Ihnen abwenden, weil sie mit Ihrem Lebensstil nicht zurechtkommen.
- Sofern Sie Kinder haben, bestünde die Gefahr, dass Ihnen das Sorgerecht entzogen würde.
- Nicht nur Familie, auch Ihre Freunde könnten sich von Ihnen abwenden, weil diese Ihren Lebensstil nicht unterstützen wollten oder könnten.
- Polyamorie bedeutet nicht, dass alle Partner mit dieser Beziehungsform einverstanden sind. Auch Ihr Partner könnte sich aufgrund Ihres Lebensstiles von Ihnen abwenden.
- Sie könnten sehr schnell und sehr hart auf dem Boden der Tatsachen landen. Die Realität sieht oft anders aus, als Ihr Idealbild von Liebe, Abwechslung und berauschendem Sex –

schnell ist es zerschlagen. Hüten Sie sich vor einer zu hohen Erwartungshaltung. Stehen Sie dem Beziehungsmodell nicht naiv gegenüber.

- Sie müssten sehr rasch lernen, mit Eifersucht umzugehen und diese eher konstruktiv umzuleiten.
- Es ist gar nicht so einfach, in einer monogam lebenden Gesellschaft einen oder mehrere Partner zu finden, die Ihre Vorstellungen teilen.
- Sie könnten sehr rasch Gefahr laufen, sich mit zu viel Sex von Ihren tatsächlichen Problemen abzulenken.
- Es wäre wichtig, klar und ehrlich zu kommunizieren. Sie müssten zu sich selbst und zu anderen ehrlich sein. Das ist oft nicht so einfach, wie es klingt.
- Im Alltag würden Sie vermutlich sehr wenig Zeit aufbringen können, mehrere Beziehungen zur gleichen Zeit zu führen und alle in derselben Intensität. Meist beschränken sich Poly-Beziehungen ausschließlich auf Sex.
- Sie könnten unter Umständen Gefahr laufen, mit Kirchen oder Gemeinden in Konflikt zu geraten, weil diese Beziehungsform dort nicht anerkannt wird.
- Nach einer Zeit könnten Sie dennoch zu einer Zweierbeziehung tendieren oder aber Ihr/e Partner/in könnte sich eine Zweierbeziehung wünschen.
- Depressionen und miese Laune in Poly-Familien schlagen sich meist auf die gesamte Familie nieder.
- Sie könnten vermutlich mit der Wahl, ein Poly-Mensch zu sein, nicht öffentlich auftreten und müssten sich vor Nachbarn und Freunden verstecken. Auch müssten Sie vorsichtig mit Aussagen sein, die Sie vor Ihren Kindern treffen.[4]

[4] http://christianruether.com/wp-content/uploads/2013/02/Gesch-Freie-Liebe-offene-Ehe-und-Polyamory.pdf

2.2 Vorteile und Herausforderungen

- Sie könnten sich auf mehr als einen Menschen verlassen und hätten immer jemanden, der Ihnen in schweren Zeiten zur Seite steht.
- Es hat durchaus positive Aspekte, wenn mehr als nur zwei Menschen in einem Haus leben, insbesondere hinsichtlich Finanzen, Krankheiten, Arbeitslosigkeit, Kindererziehung, etc.
- Sie könnten sich sexuell austoben, ohne dass Sie ein schlechtes Gewissen haben müssten – ganz ohne Geheimnisse und Lügen.
- Die Beziehungen, die Sie führten, wären flexibel. Diese veränderten sich schneller und leichter. Mal wären Sie Freunde, mal ein Paar oder nur Sexualpartner.
- Sie lernten, konstruktiv mit Eifersucht umzugehen.
- Sie würden die Erfahrung von Gruppensex machen. Das kann nicht jeder von sich behaupten.
- Es gäbe für Sie und Ihren Partner kaum gesundheitliche Gefahren, solange Sie sich an den Kondom-Pakt hielten.
- Sie könnten ohne Scham Ihre sexuellen Wünsche äußern und ausleben.
- Sie bekämen die Chance auf Selbstentwicklung. Mehrere Partner nähmen diese unterschiedlich wahr und zeigten Ihnen Ihre Stärken und Schwächen auf.
- Sie fühlten sich in einer Gemeinschaft aufgehoben und aufgefangen.
- Sie hätten einen positiven Zugang und eine ebensolche Einstellung zu Sex und Sie fänden leichter Menschen und Partner, die ähnlich oder genauso denken, wie Sie.[5]

[5] http://christianruether.com/wp-content/uploads/2013/02/Gesch-Freie-Liebe-offene-Ehe-und-Polyamory.pdf

Polyamorie kann als Alternative zur Monogamie gesehen werden. In der breiten Öffentlichkeit findet diese Alternative jedoch keinen Anklang. In unserer westlichen Gesellschaft ist die monogame Beziehung, die klassische Liebesbeziehung zwischen Mann und Frau, gesellschaftlich anerkannt und toleriert. Im Laufe der Zeit konnte man eine gewisse Angleichung der Anerkennung auch hinsichtlich homosexuellen Partnern erreichen.[6]

Grundsätzlich sind sich sowohl Paartherapeuten als auch Kirche und Gesellschaft einig, dass nur eine Zweierbeziehung normal und in der **Natur des Menschen** liegt.

Eifersucht ist ebenfalls eine ganz natürliche Emotion, die als Zeichen von Liebe gedeutet wird (enttäuschte Liebe). Das Modell der Polyamorie geht über die Grenzen einer bekannten Zweierbeziehung hinaus und zeigt Ihnen, liebe LeserInnen, ein anderes Modell der Liebe und Ausübung von Sexualität, als Sie es bisher kannten. Hier bedeutet „anders" nicht unbedingt einfach. Sicher wissen Sie selbst, wie schwierig es ist, den einen kennenzulernen, mit dem Sie eine Beziehung führen möchten und der auch Ihre Gefühle erwidert. Wie nahezu unmöglich erscheint es, gleich zwei oder mehrere Partner zu treffen, die dieselben Gefühle für Sie hegen.[7] Andererseits kommt es nicht selten vor, dass Menschen in einer aufrechten Beziehung leben und sich in andere Menschen verlieben, Affären mit ihnen beginnen und ihre Partner auf diese Weise auch noch betrügen und belügen. Es wäre doch ein akzeptabler Ansatz, wenn man in so einer Situation offen und ehrlich mit dem Partner sprechen könnte und in eine offene Beziehungsform wechseln würde, oder nicht? Natürlich stünde es Ihnen auch frei, die Beziehung zu beenden, wenn Sie damit nicht klar kämen,

[6] http://christianruether.com/wp-content/uploads/2013/02/Gesch-Freie-Liebe-offene-Ehe-und-Polyamory.pdf

[7] http://christianruether.com/wp-content/uploads/2013/02/Gesch-Freie-Liebe-offene-Ehe-und-Polyamory.pdf

dass Ihr Partner, den Sie über alles lieben, plötzlich nur noch Augen für jemand anderes hätte.

Tendenzen führen jedenfalls gerade in diese Richtung. Diese begannen bereits in den späten 1960-er Jahren (die sogenannte 68-er-Generation). Damals gab es zahlreiche Ehepaare, die sich für eine offene Ehe entschlossen. Davon abgesehen erlangt auch das Thema „Seitensprung“ immer mehr öffentliche Aufmerksamkeit. Mehr und mehr Paare sind auch dem Swingen nicht abgeneigt. Das starre, klassische monogame Konzept wird damit gelockert. Daraus könnten sich auch Chancen für die Beziehungsform Polyamorie ergeben. Abgesehen davon gibt es auch sogenannte „Patchwork-Familien“, die zwar im Grunde monogame Zweierbeziehungen sind, doch die Abwendung der bisherigen Partner voneinander und die Hinwendung zu anderen Partnern ähnelt dem Polyamorie-Konzept. Die bisherigen Partner verbindet eigentlich nur noch die Elternschaft – sie werden zu Partnern in der Kindererziehung.[8]

[8] http://christianruether.com/wp-content/uploads/2013/02/Gesch-Freie-Liebe-offene-Ehe-und-Polyamory.pdf

3. Sind Sie poly?

3.1 Polyamorie – Herkunft und Definitionen

Der Begriff „**Polyamorie**“ oder „**Polyamory**“ stammt aus dem Griechisch-Römischen.

„**poly**“ heißt „**viel**“, „**Amore**“ steht für „**Liebe**“ und „**y**“ oder „**ie**“ erklärt die „**Bereitschaft/Fähigkeit/Entscheidung/Philosophie**“.

Übersetzt bedeutet dies: „Polyamorie ist die Bereitschaft/Fähig-keit/Entscheidung/Philosophie, mehr zu lieben bzw. mehrere (Menschen) zu lieben – genauer mehr als eine sexuell-erotische Beziehung über einen nicht vorherbestimmten Zeitraum zu führen.“[9]

3.2 Elemente der Polyamorie – Woran erkennen Sie, ob Sie ein Poly-Mensch sind?

Das Wichtigste ist für Sie zu wissen, dass es sich bei Polyamorie um eine **Beziehungsform** handelt, die ganz bewusst von Ihnen und Ihrem/Ihrer Partner/in so gewählt wurde und Sie Ihre Beziehung in dieser Form auch leben. Polyamorie kann gleichzeitig auch als Lebensphilosophie verstanden werden, welche unabhängig vom eigentlichen Leben gelebt wird. Polyamorie kann jedoch auch eine Form von sexueller Orientierung sein, die sich nach der Menge der gewählten Partner unterscheidet.[10]

[9] http://christianruether.com/wp-content/uploads/2013/02/Gesch-Freie-Liebe-offene-Ehe-und-Polyamory.pdf

[10] http://christianruether.com/wp-content/uploads/2013/02/Gesch-Freie-Liebe-offene-Ehe-und-Polyamory.pdf

Um die Unterschiede zwischen Polyamorie und anderen Formen der Liebe (z. B. der Polygamie) deutlich zu machen, ist es hilfreich, Ihnen zuerst die Eckpfeiler und Merkmale von Polyamorie zu erklären.

Diese sind im Wesentlichen:

a) Ehrlichkeit und Transparenz

Sie wissen davon, dass Ihr/e Partner/in auch andere Sexualpartner hat. Sie sind sich durchaus bewusst, dass er/sie auch andere Menschen liebt bzw. mit ihnen auch sexuell verkehrt. Unter Umständen kennen Sie sich sogar untereinander. Ihr/e Partner/in hat Ihnen gegenüber keine Geheimnisse hinsichtlich seiner/ihrer amourösen Tätigkeiten, wie auch Sie ihm/ihr gegenüber keine Geheimnisse haben. Sie sprechen offen darüber, dass Sie andere Partner/innen bzw. Liebhaber/innen haben. Die Elemente und die Transparenz sind wesentliche Elemente, um den Begriff der Polyamorie konkret zu beschreiben und gegenüber anderen Liebesformen einzugrenzen. Denn bei **heimlichen** Liebschaften und Seitensprüngen sprechen Sie über die Existenz und die Zuneigung zu anderen Partnern und Liebhabern nicht offen.

Sind Sie poly, betrügen Sie Ihren Partner nicht![11]

b) Gleichberechtigung und Konsens

Einerseits sind Sie damit einverstanden, dass Ihr/e Partner/in andere liebt und auch s exuell mit diesen ver-

[11] http://christianruether.com/wp-content/uploads/2013/02/Gesch-Freie-Liebe-offene-Ehe-und-Polyamory.pdf

kehrt. Zumindest sind Sie dazu bereit zu akzeptieren, dass Ihr/e Partner/in nicht nur Sie alleine liebt bzw. sexuell mit anderen Partnern/innen verkehrt. In dieser Beziehungsform berücksichtigen Sie die Bedürfnisse aller Beteiligten auf gleichem Niveau. Sie finden eine Lösung, die für alle gut und tragbar ist. Dieses Element ist ebenfalls wesentlich, um die Poly*amorie* von der Poly*gamie* zu unterscheiden. In einer polygamen Beziehungsform hat ein Mann viele Frauen. Insbesondere ist die Polygamie bei Menschen islamischen Glaubens anzutreffen.

Lieben Sie mehrere Partner, sind alle Partner damit einverstanden und gleichberechtigt, sind Sie poly, aber nicht poly*gam*![12]

c) Erotische Liebe mit mehreren Personen über eine gewisse Zeit

Gleichzeitig heißt nicht, dass Sie mit mehreren Partnern/Partnerinnen zum gleichen Zeitpunkt Beziehungen führen. Es bedeutet aber, dass diese Beziehungen parallel über eine bestimmte Zeit hinweg geführt werden. Unter dem Begriff der erotischen Liebe versteht man, dass Sie in mehrere Partner/innen zur gleichen Zeit verliebt sein können, aber mehrere Partner/innen auch gleichzeitig lieben können. Sie empfinden andere Partner/innen neben Ihrem/er Partner/in als attraktiv und sexuell anziehend, fühlen sich ihm oder ihr zugeneigt. Der Unterschied zu einer Freundschaft liegt aber im Wesentlichen darin, dass Sie auch erotische Gefühle für andere Partner/innen hegen. Es kommt also nicht nur zum Austausch von körperlicher Zu-

[12] http://christianruether.com/wp-content/uploads/2013/02/Gesch-Freie-Liebe-offene-Ehe-und-Polyamory.pdf

uneigung (Geschlechtsverkehr), sondern auch zum Austausch von Gefühlen (Liebe) zwischen den verschiedenen Partnern.

Sind Sie poly, sind Sie nicht monogam, mit Ihren Partnern haben Sie aber mehr als bloße Freundschaft![13]

d) Das Element der Langfristigkeit

Sie beabsichtigen, eine Beziehung mit mehreren Personen aufzubauen. Sie möchten die andere Person/die anderen Personen zunächst näher kennen lernen, erst dann kommt es zu näheren sexuellen Begegnungen. Allerdings gibt es auch hier unterschiedliche Varianten. Denn viele Menschen, die in Polyamorie leben, genießen es, lediglich mit anderen Partnern den Geschlechtsverkehr zu vollziehen. An einer längeren Beziehung haben sie kein Interesse. Im Vergleich dazu gibt es noch die Variante des „Swingens". Swingen bedeutet, dass Sie unter beiderseitigem Einverständnis Abwechslung und die schnelle Befriedigung suchen. Längerfristige Beziehungen ergeben sich aus dem Swingen allerdings sehr selten. Es ist auch nicht die Absicht der Partner, beim Swingen längerfristige Beziehungen zu suchen.

Sind Sie poly, lieben Sie mehrere Menschen, Sie suchen aber keine schnelle Befriedigung, Sie swingen nicht![14]

[13] http://christianruether.com/wp-content/uploads/2013/02/Gesch-Freie-Liebe-offene-Ehe-und-Polyamory.pdf

[14] http://christianruether.com/wp-content/uploads/2013/02/Gesch-Freie-Liebe-offene-Ehe-und-Polyamory.pdf

4. Formen der Polyamorie – Welcher Typ sind Sie?

Um sich selbst besser einordnen zu können, finden Sie hier zwei grundlegende Paarkonzepte. Sie müssen also selbst beurteilen: Sind Sie in der Basis eigentlich Single, sind Sie in einer klassischen Zweierbeziehung oder bildet mehr als das Paar die Grundlage? Das andere Konzept stützt sich darauf, dass die Einteilung der Partner in einer „hierarchischen Abfolge“ erfolgt.[15]

Vom Grundsatz her gibt es zahlreiche Modelle, Varianten und Szenarien. Dem Leben von Poly-Menschen sind keine klaren Grenzen gesetzt und dieses hat keine so klaren Strukturen und Grenzen wie eine „normale“ Zweierbeziehung in den Konstellationen Mann/Frau, Frau/Frau bzw. Mann/Mann. Der Polyamorie-Lebensstil ermöglicht den diesen Stil lebenden Personen mannigfaltige Möglichkeiten, mehrere Beziehungen in unterschiedlichen Intensitäten und Ausprägungen zur gleichen Zeit zu führen. Die Partner können also selbst wählen – es gibt keine Regeln oder Gesetze. Die Partner leben so, wie sie sich das wünschen. Im Vordergrund stehen nur die eigenen Bedürfnisse. Die Grenzen stecken die Partner jeweils selbst ab. Dann kann man sich auch einfacher für ein Modell entscheiden, das für alle Partner in Frage kommt und gelebt werden kann.[16]

[15] http://christianruether.com/wp-content/uploads/2013/02/Gesch-Freie-Liebe-offene-Ehe-und-Polyamory.pdf

[16] http://christianruether.com/wp-content/uploads/2013/02/Gesch-Freie-Liebe-offene-Ehe-und-Polyamory.pdf

Um sich selbst etwas besser einschätzen zu können, beantworten Sie sich einfach die folgenden Fragen:

- Wie wichtig ist Ihnen Sicherheit in einer Beziehung und wie viel brauchen Sie, um sich in einer Beziehung gut zu fühlen?
- Ist es für Sie in Ordnung, wenn Sie nicht allein im Mittelpunkt des Interesses für Ihren Partner stehen oder ist das für Sie nicht tragbar, dass es auch andere Menschen in der Beziehung gibt?
- Wie viel Wert legen Sie auf Freiheit und Autonomie, um sich in einer Beziehung gut zu fühlen?
- Wann waren Sie am glücklichsten? Als Sie alleine gelebt haben? Als Sie in einer klassischen Zweierbeziehung gelebt haben oder in einer Wohngemeinschaft?
- Wann sind Sie am verletzlichsten? Wann empfinden Sie Ärger, Trauer, Angst oder Eifersucht?
- Wie viel Zeit und Energie wollen/können Sie in Ihre Beziehung/Beziehungen investieren?
- Was wollen Sie von einer Beziehung?[17]

Zu bemerken ist, dass poly-Beziehungen ein gewisses Eigenleben entwickeln. Sie sind nicht statisch, sie sind einzugrenzen und festzulegen. Allen Beziehungsmodellen ist gemeinsam, dass die Partner, die poly-Beziehungen führen, auch bereit sein müssen, sich auf die Veränderungen einzulassen und dafür offen zu sein. Die Veränderung stellt die einzige Konstante dar. Überprüfen Sie von Zeit zu Zeit, ob Ihre Wünsche und Erwartungen immer noch dieselben sind. Vielleicht merken Sie im Laufe der Zeit, dass Sie

[17] http://christianruether.com/wp-content/uploads/2013/02/Gesch-Freie-Liebe-offene-Ehe-und-Polyamory.pdf

doch eine andere Art von Partnerschaft brauchen und wünschen.[18]

Primary oder Secondary?

Woran erkennen Sie, dass Sie der erste oder der zweite Partner sind?

Noch bevor in der Folge die einzelnen Typen und Formen von Polyamorie-Beziehungen im Detail erklärt und erläutert werden, ist es vorab wichtig zu definieren und zu erklären, was unter einem ersten Partner – einem „Primary" – und einem zweiten Partner – einem „Secondary" zu verstehen ist. Insbesondere ist es dafür wichtig, damit Sie sich in einem der Muster wiedererkennen bzw. sich selbst besser einordnen können.[19]

Der erste Partner – „Primaries"

Der sogenannte „Primary" ist der Partner in dieser Beziehungsform, dem Sie sich am stärksten verbunden fühlen und mit dem Sie in einer dauerhaften und langfristigen Beziehung leben. Dieser Partner gibt Ihnen alles, was Sie brauchen, erfüllt Ihre sexuellen und emotionalen Bedürfnisse sowie Erwartungen.

Als „Primary" genießen Sie folgende Privilegien:

- Sie werden in wesentliche Lebensentscheidungen miteinbezogen und dürfen mitreden.
- Sie werden in die Zeitplanung Ihres Partners miteinbezogen.

[18] http://christianruether.com/wp-content/uploads/2013/02/Gesch-Freie-Liebe-offene-Ehe-und-Polyamory.pdf

[19] http://christianruether.com/wp-content/uploads/2013/02/Gesch-Freie-Liebe-offene-Ehe-und-Polyamory.pdf

- Sie leben mit Ihrem Partner zusammen.
- Sie akzeptieren und respektieren die Grenzen Ihres Partners und er/sie akzeptiert und respektiert Ihre Grenzen.
- Sie unterstützen sich gegenseitig in Krisenzeiten.
- Sie haben ein Veto-Recht hinsichtlich eines „Secondaries“, der eine Gefährdung für Ihre Beziehung darstellen könnte.[20]

Der zweite Partner – „Secondaries“

„Secondary“ heißt in keinem Fall, dass dieser Partner weniger wert sei. Es sagt auch nichts darüber aus, wie hoch die Qualität der Liebe ist. „Secondary“ zu sein bedeutet nur, dass in diesen Partner weniger Aufwand und Zeit investiert wird als in den „Primary“.[21] Sind Sie der „Secondary“, kämpfen Sie mit gewissen Unsicherheiten, dies vor allem dann, wenn der erste Partner von seinem Veto-Recht Gebrauch macht. „Secondaries“ können auch viel leichter ausgetauscht werden. Auf der anderen Seite können die „Secondaries“ auch mehr Privilegien genießen, denn zumeist unternehmen diese andere oder viel ausgefallenere Aktivitäten, die man mit dem ersten Partner vielleicht nicht ausüben würde. Diese Aktivitäten reichen von ausgewählten Freizeitvergnügungen hin zu gewissen Sexualpraktiken. Es kann vorkommen, dass „Secondaries“ sogar mehr Vorteile genießen als der erste Partner.

Die Gründe, eine zweite Beziehung zu führen, sind mannigfaltig. Manche können sich zwar eine sexuelle Beziehung oder eine Affäre mit dieser Person durchaus vorstellen, niemals aber könnten sie mit dieser Person einen Alltag bewältigen. Zweitbeziehungen werden auch gerne dann geführt, wenn der Alltag mit

[20] http://christianruether.com/wp-content/uploads/2013/02/Gesch-Freie-Liebe-offene-Ehe-und-Polyamory.pdf

[21] http://christianruether.com/wp-content/uploads/2013/02/Gesch-Freie-Liebe-offene-Ehe-und-Polyamory.pdf

dem ersten Partner zu langweilig ist oder man eben Lust auf sexuelle Abenteuer hat. Sie können mit Ihrem „Secondary" Bedürfnisse und sexuelle Bedürfnisse ausleben, die Ihr erster Partner nicht erfüllen kann. Viele und lange Dienstreisen, Erziehung der Kinder oder ein anspruchsvoller Job verleiten dazu, einen Partner als „Secondary" zu betrachten. Das eigene Leben braucht viel Aufmerksamkeit und kostet viel Zeit. Sie selbst haben einfach keine Zeit dazu, eine lange Beziehung aufzubauen. Oder Sie wünschen sich einfach nur eine Beziehung „ohne Alltag". Sie möchten lediglich die schönen Seiten einer Beziehung ausleben und wollen auf Probleme und Schwierigkeiten gar nicht eingehen.[22]

Grundsätzlich gilt: Als „Secondary" spielen Sie in jedem Fall die zweite Geige. Der erste Partner, der „Primary", hat zumeist ein Veto-Recht dem „Secondary" gegenüber, der im Übrigen leichter austauschbar ist und in das normale Leben seines/ihres Partners oftmals gar nicht einbezogen wird.

[22] http://christianruether.com/wp-content/uploads/2013/02/Gesch-Freie-Liebe-offene-Ehe-und-Polyamory.pdf

5. Sehen Sie sich grundsätzlich als Single? – Single als Basis

Die Gründe, warum Menschen ihr Leben bevorzugt als Single leben, sind durchaus unterschiedlich. Vielleicht haben Sie sich entschieden, dass Sie Ihr Leben über einen gewissen Zeitraum hinweg lieber ohne Partner führen möchten. Oder aber Sie haben eine sehr schmerzhafte Erfahrung oder Trennung hinter sich, welche Sie zuerst einmal überwinden müssen, um sich einmal wieder auf eine neue Partnerschaft einlassen zu können. Ein weiterer Grund kann natürlich auch sein, dass Sie Single aus tiefster Überzeugung sind, denn Sie haben im Leben andere oder aus Ihrer Sicht wichtigere Dinge zu tun, als sich mit einem Partner herumzuschlagen.[23]

Single zu sein, ist keine Krankheit, keine Unvollkommenheit, nur weil man keinen Partner/keine Partnerin hat oder man ausschließlich als Paar vollkommen ist. Single zu sein ist eine bewusst gewählte und gleichberechtigte Lebensform. Es ist wichtig, auch Single sein zu können, denn dies ist eine wichtige Grundlage für eine gelingende Partnerschaft in der Zukunft. Viele Autoren und Wissenschaftler gehen davon aus, dass ein glückliches Leben als Single eine elementare Voraussetzung dafür ist, dass eine spätere Partnerschaft funktionieren wird.[24]

Dieses Modell der Polyamorie basiert darin, dass Singles grundsätzlich nicht auf der Suche nach einem Partner sind. Sie möchten andere Möglichkeiten finden, um ihr Bedürfnis nach einem intimen Austausch, nach Liebe und nach Sexualität, zu be-

[23] http://christianruether.com/wp-content/uploads/2013/02/Gesch-Freie-Liebe-offene-Ehe-und-Polyamory.pdf

[24] http://christianruether.com/wp-content/uploads/2013/02/Gesch-Freie-Liebe-offene-Ehe-und-Polyamory.pdf

friedigen. Ihre Freiheit und Autonomie wollen sie dabei jedoch nicht aufgeben. Daher suchen sich Singles andere Singles, die diesen Lebensstil ebenfalls bevorzugen. Oder sie suchen Beziehungspartner, die bereits in einer bestehenden Beziehung sind, die aber bewusst den Polyamorie-Lifestyle gewählt haben und befriedigen auf diese Weise ihre Bedürfnisse. Diese Partner bezeichnet man als „Kuschelfreunde", Sexfreunde oder Liebhaber.[25]

Dieses Modell „Single als Basis" funktioniert aber nur unter gewissen Voraussetzungen: Beide Partner müssen an einer Beziehungsform Interesse zeigen, die eher unverbindlich ist. Bekommt einer der beiden Partner intensivere Gefühle oder verspürt den Wunsch nach einer näheren partnerschaftlichen Verbindung, wird die Beziehung vermutlich ein jähes Ende finden. Oder aber es wird sich eine Freundschaft im herkömmlichen Sinne daraus entwickeln. In der Regel ist diese Art von Beziehungen sehr gut geeignet für Menschen, die grundsätzlich viel auf Reisen sind.[26]

Ist der Liebhaber oder Sexpartner in einer klassischen Zweierbeziehung, ist es unter Umständen besser, wenn Sie die Beziehung Ihres Liebhabers respektieren und unterstützen. Die Beziehungen sollten untereinander anerkannt werden und sich entsprechend ergänzen.[27]

[25] http://christianruether.com/wp-content/uploads/2013/02/Gesch-Freie-Liebe-offene-Ehe-und-Polyamory.pdf

[26] http://christianruether.com/wp-content/uploads/2013/02/Gesch-Freie-Liebe-offene-Ehe-und-Polyamory.pdf

[27] http://christianruether.com/wp-content/uploads/2013/02/Gesch-Freie-Liebe-offene-Ehe-und-Polyamory.pdf

Geschichten zu Singles in Polyamorie-Beziehungen

Juan und seine Frauen

Juan ist ein Künstler, der gerne viel Zeit damit zubringt, alleine in seinem Atelier zu malen. Juan hat drei Liebhaberinnen, nämlich Marina, Janice und Keiko. Er trifft sich mit jeder von den drei Frauen in regelmäßigen Zeitabständen, normalerweise gehen sie dann auf ein Date. Er verabredet sich mit den Frauen alle ein bis zwei Wochen. Keiko und Janice sind verheiratet und treffen Juan, wenn ihre Ehemänner arbeiten. Maria schreibt an ihrer Dissertation. An einer dauerhaften Beziehung mit Verpflichtungen, welcher Art auch immer, sind die drei Frauen nicht interessiert.[28]

Singlemutter Jessica

Jessica ist alleinerziehende Mutter dreier Kinder und Single. Sie arbeitet Vollzeit. Neben ihrer Arbeit und ihren Kindern hat sie gar keine Zeit für eine dauerhafte Beziehung mit einem Mann. Sie trifft sich mit Jakob und Anton. Mit beiden Männern hat sie zwar langfristige Beziehungen, aber diese beruhen lediglich auf der Befriedigung sexueller Bedürfnisse. Jakob hingegen ist ein wichtiger Geschäftsmann, der selbst auch keine Zeit für eine Beziehung hat. Er reist viel in der Welt herum und im Mittelpunkt steht sein Job. Jakob und Jessica können sich darum nur einmal in der Woche treffen. Anton ist mit einer Krankenschwester verheiratet. Er trifft Jessica immer dann, wenn seine Ehefrau lange Dienst im Krankenhaus hat. Sie verabreden sich ebenfalls einmal in der Woche.[29]

[28] http://christianruether.com/wp-content/uploads/2013/02/Gesch-Freie-Liebe-offene-Ehe-und-Polyamory.pdf

6. Sind Sie in einer Paarbeziehung, aber lieben auch Andere? – Paar als Basis

Sie sind in einer Paarbeziehung mit einem Mann oder einer Frau? Die Basis für die Polyamorie-Beziehung bildet die Paarbeziehung. Alles andere steht an zweiter Stelle. Dadurch verbringen Sie weniger Zeit mit Ihrem/Ihrer zweiten Liebhaber/in und investieren damit auch deutlich weniger Energie und Anstrengungen in die andere Beziehung. Am Gelingen der zweiten Beziehung liegt Ihnen damit auch deutlich weniger. Nicht von Bedeutung ist, ob die andere Beziehung kurz- oder langfristig ist. Das wichtigste Element ist, dass die bestehende Beziehung nicht gestört werden darf. Dass aus dieser Konstellation eine Gruppenbeziehung entsteht, ist häufig nicht das Ziel aller Beteiligten.[30]

Das Basis-Paar führt eine normale Beziehung mit einem normalen Leben, hat Kinder und wird in seinem sozialen Umfeld akzeptiert. Eine externe Liebesbeziehung mit einem weiteren Partner fällt in der Regel nicht auf und kann daher auch sehr leicht versteckt werden. Sie ändern Ihren Lebensstil oder Ihre Sicht auf die Welt nicht wesentlich. Ihr Leben führen Sie im Wesentlichen monogam, genießen aber gewisse Freiheiten und Freizügigkeiten. Der weitere Vorteil dieser Form von Polyamorie-Beziehungen ist, dass diese ganz einfach wie eine Freizeitaktivität geführt werden können. Die Liebschaft führen Sie dann, wenn Sie Ihnen in Ihr zeitliches Konzept passt. Sofern ein zeitlicher Konflikt besteht, geht Ihre „Basis-Beziehung“ immer vor. Die Offenheit zwischen den jeweiligen Liebhabern ist auch unterschiedlich ausgestaltet. In

[29] http://christianruether.com/wp-content/uploads/2013/02/Gesch-Freie-Liebe-offene-Ehe-und-Polyamory.pdf

[30] http://christianruether.com/wp-content/uploads/2013/02/Gesch-Freie-Liebe-offene-Ehe-und-Polyamory.pdf

manchen Partnerschaften wollen die jeweiligen Erst– und Zweipartner alles wissen. Andere wollen Details nur dann erfahren, wenn diese eine Bedrohung für die Partnerschaft darstellen oder darstellen könnten.[31]

Diese Form von Beziehung kann nur dann gelingen, wenn die Basis-Partnerschaft in sich gefestigt ist und die Partner mit allen Veränderungen und Herausforderungen umgehen können. Allerdings zeigten bereits manche Erfahrungen und Geschichten, dass die zweite Beziehung mehr Beachtung bekommt. Dann wird man mit Themen wie Eifersucht konfrontiert. Das Wichtigste ist hier, wieder die ursprüngliche Vereinbarung zu überdenken und zu überlegen, was man in der Zukunft möchte und welche Erwartungen man hat.[32]

Viele Paare vereinbaren auch untereinander, dass sie ein Veto-Recht haben. Das bedeutet, sie können das Fortsetzen der zweiten Beziehung sogar verbieten. Die Basis-Beziehung steht im Vordergrund. Das kann unter Umständen auch dazu führen, dass der externe Partner abhängig von der Entscheidung des eigentlichen Partners sein kann.[33]

Eine weitere Form ist das Swingen. Das Paar besucht Swinger-Clubs, Sex-Partys oder trifft sich privat mit anderen Paaren zum Partnertausch. Viele Paare suchen auch Sexualpartner über das Internet oder Anzeigen von Magazinen. Die Paare haben dabei Geschlechtsverkehr mit anderen Paaren. In der Regel halten sich alle Paare im selben Raum auf und erleben den Akt gemeinsam. Konzentriert wird sich dabei auf den gemeinsamen Geschlechtsverkehr. In der Folge können sich Beziehungen und

[31] http://christianruether.com/wp-content/uploads/2013/02/Gesch-Freie-Liebe-offene-Ehe-und-Polyamory.pdf

[32] http://christianruether.com/wp-content/uploads/2013/02/Gesch-Freie-Liebe-offene-Ehe-und-Polyamory.pdf

[33] http://christianruether.com/wp-content/uploads/2013/02/Gesch-Freie-Liebe-offene-Ehe-und-Polyamory.pdf

Freundschaften entwickeln, die mit einer gewissen Vertrautheit verbunden sind. Gleichzeitig achten die Partner auch darauf, dass die Basis- Beziehung nicht gefährdet wird und sich der externe Partner nicht in den eigenen Partner verliebt.[34]

Geschichten

Rose und Bill auf Sex-Partys

Rose und Bill leben zusammen. Rose besucht gerne Sex-Partys und hat anonymen Sex mit anderen Männern. Bill reißt gerne Frauen in Bars auf.

Vierer mit Jane und Jim

Jane und Jim sind ein Ehepaar. Sie haben Sex mit anderen Paaren und genießen gerne mal einen Vierer.

Flotter Dreier mit Joe und Jim

Joe und Jim leben in einer homosexuellen Partnerschaft. Sie besuchen gerne Sex-Partys und treffen sich mit anderen Männern zu einem flotten Dreier. Joe hat auch gerne anonymen Sex mit anderen Männern. Er trifft auch gerne Männer, um gelegentlich den Geschlechtsverkehr mit ihnen zu vollziehen.

[34] http://christianruether.com/wp-content/uploads/2013/02/Gesch-Freie-Liebe-offene-Ehe-und-Polyamory.pdf

Gelebte Polyamorie bei Claire und Tom

Claire und Tom sind ein Paar und leben zusammen. Claire hat eine langfristige auf Sex beruhende Beziehung mit ihrer Nachbarin Melissa. Sie verbringen erotische Nachmittage zusammen, wenn Tom in der Arbeit ist. Tom hat dagegen zahlreiche kurzfristige Beziehungen mit Frauen, die er im Internet über polyamouröse Chatrooms kennenlernt. Tom verliebte sich jedoch in eine seiner externen Beziehungen und Claire besteht darauf, dass er diese Beziehung mit dieser Frau abbricht, sonst wäre die Beziehung zwischen Claire und Tom beendet.

Alans und Damons Liebhaber

Alan und Damon sind in einer homosexuellen Beziehung. Sie leben zusammen. Alan hat zwei Liebhaber und Freunde, mit denen er regelmäßig Geschlechtsverkehr hat. Damon hat einen Freund, mit dem er bereits sehr lange zusammen ist. Damons Freund lebt in Los Angeles und sie treffen sich für einige Tage dort, wenn Damon dienstlich dort ist.

David und Lucy als bisexuelles Paar

David und Lucy sind bisexuell. Sie sind verheiratet und haben zwei Kinder. David hat einen männlichen Liebhaber, den er gelegentlich trifft. Für ihn ist die Basis-Beziehung am wichtigsten. Seine Aufmerksamkeit und seine meiste Zeit verbringt er mit seiner Familie, Lucy und seinen Kindern. Lucy hatte einige weibliche Liebhaberinnen. Aber die Freundinnen haben sie immer wieder verlassen, weil ihnen die eigenen Ehemänner wichtiger waren. Darum hat Lucy zur Zeit keine Partnerin.

Secondaries im Krankenhaus

Maria und Jorge sind Krankenpfleger in einem Krankenhaus. Ihre Dienste finden zumeist nicht zur selben Zeit statt. Sie sind verheiratet und bisexuell. Maria lebt in einer Langzeitbeziehung mit Rosa. Rosa ist Ärztin, während Maria Dienst hat. Maria und Rosa verbringen viel Zeit und haben auch Sex miteinander, während Jorge in der Arbeit ist. Jorge hat zahlreiche Affären mit anderen männlichen Krankenpflegern, während Maria und Rosa arbeiten.[35]

[35] http://christianruether.com/wp-content/uploads/2013/02/Gesch-Freie-Liebe-offene-Ehe-und-Polyamory.pdf

7. Lieben Sie mehrere Partner zur gleichen Zeit?

In dieser Form der Polyamorie-Liebe ist das Paar nicht die Basis. Denkbar sind folgende Konstellationen:

- Mehrere Primaries mit Anspruch auf „Polyfidelity“ (“geschlossenes Modell“)
- Mehrere Primaries mit externen Beziehungen (“offenes Modell“)
- Poly-Familie, Poly-Netzwerk bzw. Polystamm[36]

7.1 Mehrere Primaries mit Anspruch auf „Polyfidelity“ – „geschlossenes Modell“

Unter der sogenannten „Polyfidelity“ versteht man ein Geflecht von Beziehungen von mehr als zwei Personen. Diese Personen haben untereinander vereinbart, dass Geschlechtsverkehr nur unter Teilnehmern bzw. Mitgliedern dieser Gruppe stattfinden darf. Partner außerhalb dieser Gruppe sind grundsätzlich nicht erlaubt. Wenn die anderen Teilnehmer bzw. Mitglieder der Gruppe zustimmen, können auch neue Mitglieder bzw. aufgenommen werden.[37]

Das sogenannte „geschlossene Modell“ ist eine Art Gruppenehe. Bei diesem Modell sind aber mehr als zwei Personen miteinander in einer Ehe verbandelt. Da *Polygamie* in der westlichen Welt gesetzlich nicht erlaubt ist, ist unter dem Ausdruck „mitein-

[36] http://christianruether.com/wp-content/uploads/2013/02/Gesch-Freie-Liebe-offene-Ehe-und-Polyamory.pdf

[37] http://christianruether.com/wp-content/uploads/2013/02/Gesch-Freie-Liebe-offene-Ehe-und-Polyamory.pdf

ander verheiratet" eher das faktische Zusammenleben als der rechtliche Status zu verstehen. Diese Menschen leben unter einem Dach, regeln ihre Finanzen, erziehen ihre Kinder und teilen Tisch und Bett.[38]

Geschichten

„Polyfidelity-Kommune"

Jane, Tom, Mary und Bill leben in einer „Polyfidelity-Beziehung". Sie haben drei Kinder. Sie legen ihre Einkommen zusammen und bezahlen alle Kosten, die das Haus betreffen, kaufen Nahrungsmittel, kümmern sich um die Kinder und teilen die Verantwortung für den Haushalt. Alle Personen sind heterosexuell. Beide Frauen haben sexuelle Beziehungen zu beiden Männern. Eines Tages verliebt sich Jane in Joaquin, der nicht Teil dieser Kommune ist. Nach einigen Besprechungen erklären sich die anderen Mitglieder der Familie für einverstanden, dass auch Joaquin im Haushalt leben und in das Haus einziehen darf. Auch Joaquin wird Teil der Familie, teilt die Verantwortung für das Haus und hat Geschlechtsverkehr mit Jane und Mary.[39]

Bisexuelle Gemeinschaft

Andre, Rachel und Nathan leben als Familie zusammen. Jeder von ihnen ist bisexuell. Rachel hat Geschlechtsverkehr mit beiden Personen der Gemeinschaft. Andre und Nathan führen auch eine sexuelle Beziehung miteinander. Untereinander haben sie eine Art

[38] http://christianruether.com/wp-content/uploads/2013/02/Gesch-Freie-Liebe-offene-Ehe-und-Polyamory.pdf

[39] http://christianruether.com/wp-content/uploads/2013/02/Gesch-Freie-Liebe-offene-Ehe-und-Polyamory.pdf

Stundenplan für ihre Schlaf- und Sex-Zeiten vereinbart. Jeder schläft mit jedem zwei Nächte in der Woche. Außerdem sind sie auf der Suche nach einer weiteren Frau für ihre Familie.[40]

7.2 Mehrere Primaries mit externen Beziehungen – „offenes Modell"

In dem sogenannten „offenen Modell" besteht, im Gegensatz zum vorigen Modell, keine bindende Vereinbarung zur Treue hinsichtlich der Ausübung des Geschlechtsverkehrs mit anderen Partnern. Alle Mitglieder sind „Primaries" und sie haben das Recht, auch externe Sexualpartner zu haben. Allerdings bestehen unterschiedliche Mitsprache- und Vetorechte. Gerne werden aber sogenannte „Kondom-Vereinbarungen" geschlossen, um sich vor Geschlechtskrankheiten zu schützen.

Geschichten

Jennifer und Andrea

Jennifer und Andrea sind lesbisch. Sie sind ein Paar und leben zusammen. Andrea hat auch einen weiteren „Primary", Julia. Julia lebt nicht mit Jennifer und Andrea zusammen, aber sie genießt dieselben Vorteile als „Primary". Andre verbringt jeweils eine halbe Woche mit den Partnerinnen.[41]

[40] http://christianruether.com/wp-content/uploads/2013/02/Gesch-Freie-Liebe-offene-Ehe-und-Polyamory.pdf

[41] http://christianruether.com/wp-content/uploads/2013/02/Gesch-Freie-Liebe-offene-Ehe-und-Polyamory.pdf

Ricardo und Maria

Ricardo und Maria leben in einer bisexuellen Beziehung. Die Nächte am Montag, Mittwoch und Freitag verbringen sie zusammen. Tom lebt auch mit Ricardo und Maria, aber er hat ein eigenes Schlafzimmer. Ricardo verbringt jede Woche einige Nächte mit ihm. Maria hat zwei Liebhaber. Erica und Jessica trifft sie regelmäßig. Außerdem hat sie zwei Langzeit-Beziehungen mit Bob und Jason, die alleine leben. Bob und Jason besuchen Maria hin und wieder über Nacht.[42]

Linda, Cliff und Bruce

Linda hat zwei männliche Ehepartner, Cliff und Bruce. Sie ist Miteigentümer von zwei Häusern mit beiden Ehemännern und lebt mit beiden Partnern zusammen. Jede zweite Nacht verbringt sie abwechselnd mit beiden Partnern. Cliff und Bruce dürfen auch andere Partner haben.[43]

7.3 Poly-Familie, Poly-Netzwerk bzw. Polystamm

Bei der sogenannten „Poly-Familie“ oder dem „Polynetzwerk“ gibt es keine großen Unterschiede zu den bereits erklärten Formen. Einerseits können sich diese Formen aus einer offenen oder einer geschlossenen Gruppenehe herauskristallisieren. Oder aber sie entwickeln sich aus gemeinsam ausgeübten Freizeitaktivitäten, sexuellen Vorlieben etc.[44]

[42] http://christianruether.com/wp-content/uploads/2013/02/Gesch-Freie-Liebe-offene-Ehe-und-Polyamory.pdf

[43] http://christianruether.com/wp-content/uploads/2013/02/Gesch-Freie-Liebe-offene-Ehe-und-Polyamory.pdf

[44] http://christianruether.com/wp-content/uploads/2013/02/Gesch-Freie-Liebe-offene-Ehe-und-Polyamory.pdf

8. Abgrenzung zu anderen Formen

8.1 Polygamie

Unter dem Begriff „Polygamie“ versteht man, dass ein Mann mit mehreren Frauen sexuelle Kontakte hat. Polygamie ist die wohl dominanteste Form des menschlichen Paarungsverhaltens. In der Folge bedeutet es, dass andere Männer nicht mit diesen Frauen sexuell verkehren und damit auch ihre Gene nicht weiterverbreiten können. Im Beziehungsmodell der Polygamie schwängert ein Mann mehrere Frauen. Jedoch mussten sich die Männer das Recht auf diese dominante Paarung hart verdienen.[45]

Bei der Auswahl seiner Sexualpartner folgt der Mensch einer sogenannten „intrasexuellen“ wie auch der „intersexuellen“ Auswahl.

Bei der sogenannten „intrasexuellen“ Auswahl geht es vor allem darum, dass der Stärkere gewinnt. Dies ist Ergebnis von Rivalität zwischen Männern. Vereinfacht gesagt: Der kräftigere Mann hat die besseren Chancen, das Weibchen abzugreifen und seine Gene zu verbreiten.[46]

Bei der sogenannten „intersexuellen“ Auswahl wählen die Frauen ihre Sexualpartner aus. Allgemein bekannt ist, dass Frauen viel wählerischer sind als Männer. Das resultiert daraus, dass Frauen leider nur über eine Eizelle pro Monat verfügen im Gegensatz zu Männern, die jede Menge Spermien haben.[47]

[45] http://www.sexualmedizin-linz.at/startseite_sexmed/die-dimensionen-der-sexualitaet/polygamie-versus-monogamie/

[46] http://www.sexualmedizin-linz.at/startseite_sexmed/die-dimensionen-der-sexualitaet/polygamie-versus-monogamie/

[47] http://www.sexualmedizin-linz.at/startseite_sexmed/die-dimensionen-der-sexualitaet/polygamie-versus-monogamie/

Als vor ca. zwei Millionen Jahren die Gehirne der Menschen größer wurden, kam es auch zu einer Veränderung hinsichtlich der Auswahl des Sexualpartners. Nicht mehr der Körper und die Körpermaße waren entscheidend, für welchen männlichen Sexualpartner sich die Frau entschied, sondern die Intelligenz des Mannes rückte in den Vordergrund. Noch heute wählen Frauen ihre Partner nach der Intelligenz aus und weniger nach dem Körper.[48]

Da sich im Laufe der Zeit der gesamte Körper des Menschen entwickelte und das Kind vermehrt auf den Schutz und die Obsorge der Mutter angewiesen war, entwickelte sich auch ein gewisses Rollenbild zwischen den Geschlechtern: Mütter waren auf den Mann angewiesen, denn sie mussten sich um die Kinder kümmern und diese beschützen. Männer brachten den Frauen das Essen, welches Frauen mit Sex belohnten. Man spricht über die sogenannte „Sex-für-Essen-Hypothese". Diese These ist heute noch gültig. Bis dato interessieren sich Frauen mehr für Männer mit Geld oder der Aussicht auf Geld als für Männer, die keines haben.[49]

[48] http://www.sexualmedizin-linz.at/startseite_sexmed/die-dimensionen-der-sexualitaet/polygamie-versus-monogamie/

[49] http://www.sexualmedizin-linz.at/startseite_sexmed/die-dimensionen-der-sexualitaet/polygamie-versus-monogamie/

8.2 Begriffsklärung

8.2.1 Polygamie

„Polygamie“ ist eine Form der Vielehe bzw. werden gleichzeitige, der Ehe ähnliche, Beziehungen geduldet. Unterschieden wird zwischen der „Polygynie“ und der „Polyandrie“. Bei der „Polygynie“ handelt es sich um die sogenannte „Vielweiberei“. Dabei hat ein Mann mehrere Frauen. „Polyandrie“ bedeutet „Vielmännerei“, d.h. eine Frau hat mehrere Männer. Diese Form der Polygamie ist vor allem dort beliebt und bekannt, wo viel Ackerbau betrieben wird. Das entscheidende Element ist dabei, dass ein Geschlecht – sei es Mann, sei es Frau – mehrere Ehepartner haben soll, denn er nimmt die Rolle des Ernährers ein. Eine weitere Form der Polygamie ist die sogenannte „Polygynandrie“, die Gruppenehe. [50]

8.2.2 Swingen

Swingen unterscheidet sich vor allem durch folgende Punkte von der Polyamorie und von der Polygamie:

- Beim Swingen konzentrieren Sie sich im Wesentlichen auf den Geschlechtsverkehr und Sie vermeiden es, emotionale Intimität miteinander auszutauschen.
- Außer dem sexuellen Aspekt haben die Partner im Grunde eine monogame Beziehung zueinander. Auch beim Swingen selbst ist der Sex monogam, denn zumeist ist der Partner auch beim Sex dabei oder hält sich am gleichen Ort auf.
- Sie haben einen unterschiedlichen Zugang zum Miteinander.

[50] https://de.wikipedia.org/wiki/Polygamie

- Zwar verlangen Swingerclubs zumeist einen Eintrittspreis, dennoch hat das Swingen keinen kommerziellen Charakter.
- Sie swingen, weil das vielleicht Ihr Hobby oder Ihre Freizeitbeschäftigung ist. Sie betreiben es in regelmäßigen Abständen und es ist Teil Ihrer Identität und Persönlichkeit.
- Sie swingen zumeist nur im Bett.
- Swingen hat das Element der Kurzfristigkeit. Es geht im Wesentlichen um das Hier und Jetzt, um die Abwechslung.[51]

[51] http://christianruether.com/wp-content/uploads/2013/02/Gesch-Freie-Liebe-offene-Ehe-und-Polyamory.pdf

9. Geschichte der Polyamorie oder Geschichte der Liebe

9.1 Sexuelle Revolution im Zeitraum der 1960er bis zu den 1990ern

„Sexuelle Revolution" bedeutet, dass sich hinsichtlich Sexualität und Partnerschaft im Zeitraum zwischen 1960 und 1970 jede Menge verändert hat. Begonnen hat diese Veränderung in den USA in den frühen 1960er Jahren. Damals akzeptierte man mehr und mehr den vorehelichen Geschlechtsverkehr in der Mittelschicht der weißen Mitbürger. Das endete in den 1970-er Jahren, als sich Politiker gegen die sexuelle Freizügigkeit engagierten. Zu dieser Zeit gelang es sowohl in Deutschland als auch in den USA konservativen Regierungen, an die Macht zu kommen. Die „Sexuelle Revolution" war Folge und Auswuchs des allgemeinen gesellschaftlichen Wandels und mit zahlreichen Veränderungen und Gruppierungen verbunden, insbesondere gab es neue Formen der Kunst, Bürgerrechtsbewegungen in den Vereinigten Staaten, Studentenbewegungen, Aktivisten für Umweltschutz, mehr Offenheit, einer Sekte beizutreten oder Yoga auszuüben, aber auch die Bewegung der Homosexuellen, Hippies, etc.[52]

Doch welche Veränderungen brachte nun die „Sexuelle Revolution"? Zuerst wurde die Pille entwickelt, womit die Verhütung sicherer und somit der Frau auferlegt wurde. Die Entwicklung der Pille führte ebenfalls dazu, dass Geschlechtsverkehr nicht zwangsläufig in einer Schwangerschaft resultierte. Als die Pille am Markt auftauchte, musste man für die Verschreibung dieses Verhütungsmittels die Rechnung für ein Hochzeitskleid oder eine

[52] http://christianruether.com/wp-content/uploads/2013/02/Gesch-Freie-Liebe-offene-Ehe-und-Polyamory.pdf

Heiratsurkunde vorlegen. Nach einiger Zeit konnte die Pille von jeder Frau frei erworben werden.[53]

Aufgrund der Entkriminalisierung war die Abtreibung keine Straftat mehr. Die Scheidungsrechte wurden außerdem freizügiger, was bedeutet, dass es für Eheleute einfacher wurde, sich wieder scheiden zu lassen. Im Laufe der Zeit entwickelten sich andere und neue „Paarungsmuster". Der klassische Weg vom Kennenlernen, ersten Date hin zum Heiratsantrag und Geschlechtsverkehr erst nach der Eheschließung war passé. Nun gab es viele mögliche Varianten, sich zu paaren, zu daten und die Sexualität auszuleben. Geschlechtsverkehr vor dem Schluss der Ehe wurde im Laufe der Zeit nicht mehr von der Seite schief angesehen.

Nicht nur das Gesetz lockerte die Möglichkeiten, eine bestehende Beziehung bzw. Ehe einfacher zu beenden, sondern auch das Sexualleben der Menschen erlangte mehr und mehr „Öffentlichkeit". Das bedeutete im Grunde nur, dass Sexualität mehr Eingang in die öffentliche Welt fand, Thema eines öffentlichen Diskurses wurde, Sexualratgeber veröffentlicht wurden oder halböffentlicher Sex nicht mehr verpönt war. Sexualität wurde im Laufe der Zeit Gegenstand der Kommerzialisierung – „Sex sells". Die Zensur wurde gelockert oder sogar ganz aufgehoben. Aber auch Homosexualität fand in der breiten Öffentlichkeit mehr Toleranz und Akzeptanz. Auch in Bezug auf das gemeinsame Wohnen kam es im Zuge der „Sexuellen Revolution" zu einer Reihe von Veränderungen. Paare, die nicht verheiratet waren, konnten nunmehr auch an eine gemeinsame Wohnung gelangen, Studentenheime waren „gemischt", also Frauen und Männer wurden auch nicht mehr nach Häusern und Wohnungen getrennt. In der Nudismus-Bewegung konnten Männer und Frauen auch ihr

[53] http://christianruether.com/wp-content/uploads/2013/02/Gesch-Freie-Liebe-offene-Ehe-und-Polyamory.pdf

Nachtsein und Nacktbaden ausleben, denn Nudismus wurde immer mehr akzeptiert.

9.2 Die 1970-er Jahre

Die „Sexuelle Revolution" gepaart mit dem raschen technischen Fortschritt führte im Endeffekt leider auch dazu, dass es zu einer Verbreitung von pornographischen Bildern und Videoaufnahmen kam.[54]

Als sich die 1970er Jahre ihrem Ende zuneigten, endete auch die „Sexuelle Revolution". Die Gründe dafür waren vielfältig. Einerseits hatten sich die Menschen bereits an die Veränderungen, die im Verlauf der „Sexuellen Revolution" eingetreten waren, gewöhnt und diese als normal angenommen. Andererseits empfanden sie einen gewissen Unmut gegenüber den sexuellen Übertreibungen, die sich im Laufe der 1960-er Jahre etabliert hatten. Die Marktsituation hatte sich verändert und eine Zeit wirtschaftlicher Krisen war herangebrochen. Also mussten sich die Menschen nun eher auf ihre Arbeit und die Absicherung ihrer finanziellen Situation konzentrieren. Im Ergebnis war auch die Kirche mehr in den Mittelpunkt gerückt. Die Menschen dachten eher an soziale und spirituelle Absicherung. Daneben bekämpften Christen und Feministen die Resultate der „Sexuellen Revolution".[55]

Allgemein kippte die Stimmung. Wo die Menschen Anfang der 1960er Jahre eher für eine sexuelle Freiheit kämpften, wandten sie sich Ende der 1970er Jahre beinahe schon gegen sie. Es kam zur Stärkung einer Gegenmacht zu den sexuellen Befreiungsbewegungen. Langsam bemerkten die Menschen auch, dass die

[54] http://christianruether.com/wp-content/uploads/2013/02/Gesch-Freie-Liebe-offene-Ehe-und-Polyamory.pdf

[55] http://christianruether.com/wp-content/uploads/2013/02/Gesch-Freie-Liebe-offene-Ehe-und-Polyamory.pdf

Ideale und utopischen Ideen der „Sexuellen Revolution" aus den 1960er Jahren nicht ganz so einfach und rasch umgesetzt werden konnten, wie man sich das anfangs vorgestellt hatte.[56]

Der Fall der „Sexuellen Revolution" hatte auch einen anderen Grund, den wohl niemand vorhergesehen und vermutlich auch keiner so geplant hatte: Vermehrt wurden Straftaten mit sexuellem Hintergrund verübt. Kinderpornographie verbreitete sich – exzessiv wurde sie ausgeübt. Vermehrt traten Fälle von Kindesmissbrauch auf. In gesundheitlicher Hinsicht entwickelte sich ein Negativtrend. Immer mehr Menschen erkrankten an Geschlechtskrankheiten wie AIDS und Genitalherpes. Katholiken wollten dies als „Strafe Gottes" für den lasziven und promiskuitiven Lebensstil sehen.[57]

In den USA kam es ebenfalls zu Veränderungen in den 1970er Jahren. Die Sexualität wurde in der breiten Öffentlichkeit nicht mehr so stark im Vordergrund gesehen. Obwohl keine neuen gesetzlichen Regelungen eingeführt wurden, gab es vermehrt „Moralwächter".

Unter dem Namen „Moral Majority" kämpfte die Vereinigung gegen sexuelle Freizügigkeit. Der Schrei nach gesetzlicher Zensur wurde immer lauter, um auf diese Weise der Pornographie beizukommen. Unterschiedliche Weisen, die eigene Sexualität zu leben, sind noch bis heute eine Straftat in gewissen US-Bundesstaaten. Außerdem vernachlässigte man die Sexualkunde in Schulen und die sexuelle Freiheit der Frau erschien nunmehr als Bedrohung.[58]

[56] http://christianruether.com/wp-content/uploads/2013/02/Gesch-Freie-Liebe-offene-Ehe-und-Polyamory.pdf

[57] http://christianruether.com/wp-content/uploads/2013/02/Gesch-Freie-Liebe-offene-Ehe-und-Polyamory.pdf

[58] http://christianruether.com/wp-content/uploads/2013/02/Gesch-Freie-Liebe-offene-Ehe-und-Polyamory.pdf

Dennoch war im Jahr 1977 das Gros der US-Amerikaner von den Veränderungen, die die „Sexuelle Revolution" gebracht hatte, durchaus überzeugt. Insbesondere fanden sie daran Gefallen, dass es in Schulen das Fach Sexualkunde gab, Informationen zur Verhütung und Geburtenkontrolle frei zugänglich waren und das Zusammenleben von Paaren vor der Ehe existierte. Auch die Gesetze gegen die Andersbehandlung von Homosexuellen fanden durchaus Anklang.[59]

Obwohl die „Sexuelle Revolution" eine Reihe von positiven Entwicklungen mit sich gebracht hatte, gab es weiterhin Zustände, die eher zwiespältig oder missständig waren. Denn hinsichtlich der sexuellen Freizügigkeit herrschte eine gewisse Doppelmoral. Ging eine Frau mit ihrer Sexualität freizügig um, wurde sie als „Schlampe" bezeichnet, während Männer als Helden gefeiert wurden. Diese Ansichten bestehen teilweise bis heute noch![60]

Ehen zwischen Homosexuellen sind in den USA kaum möglich bzw. bestehen keine gesetzlichen Regelungen zu der Eheschließung zwischen Homosexuellen. Eine rechtliche Gleichstellung lässt bestimmt noch lange auf sich warten. Nacktheit und Sexszenen sind Tabuthemen und sorgen teilweise für mehr Aufregung als brutale Gewaltszenen. [61]

[59] http://christianruether.com/wp-content/uploads/2013/02/Gesch-Freie-Liebe-offene-Ehe-und-Polyamory.pdf

[60] http://christianruether.com/wp-content/uploads/2013/02/Gesch-Freie-Liebe-offene-Ehe-und-Polyamory.pdf

[61] http://christianruether.com/wp-content/uploads/2013/02/Gesch-Freie-Liebe-offene-Ehe-und-Polyamory.pdf

9.3 Veränderungen in den Achtzigern

In den 1980er Jahren änderte sich die Stimmung im Hinblick auf sie Sexualität erneut – diese wurde nämlich noch schlechter. Insbesondere fühlten sich die Menschen aufgrund von Moral in Bezug auf die Freizügigkeit von Sexualität beschämt, lehnten diese ab und hatten eher Angst, ihrer Sexualität freien Lauf zu lassen. Obwohl weiterhin pornographische Bilder und Filme produziert und geschaut sowie die Ehepartner betrogen wurden, machte man dies nicht in aller Öffentlichkeit.[62]

9.4 Offene Liebesformen seit den Sechzigern

9.4.1 Gruppenehe und Gruppensex

Die Gründe, warum sowohl dem Phänomen des Gruppensexes als auch der Gruppenehe im Allgemeinen nicht gefolgt wurde, sind vielfältig und recht verschieden. Einerseits bestand keine einheitliche Organisation. Andererseits lebte im Wesentlichen die weiße Mittelschicht diese Phänomene aus. Sie betrieben dies eher im privaten Bereich, manchmal gingen sie in Clubs, um sich zum Gruppensex zu treffen. Zwar fanden viele Menschen Gefallen an dem Gedanken der Gruppenehe bzw. des Gruppensexes, ausprobiert haben es jedoch die wenigsten. Und trotz allem wurden diese Phänomene durchaus positiv begrüßt. Grund dafür war einerseits die Ausübung in den eigenen vier Wänden und andererseits etablierte sich dies nicht als sozialpolitische Bewegung. Gruppenehen und Gruppensex wurden in der breiten Masse nicht als Be-

[62] http://christianruether.com/wp-content/uploads/2013/02/Gesch-Freie-Liebe-offene-Ehe-und-Polyamory.pdf

drohung angesehen. Insgesamt gab es in den Siebzigern um die 2.000 Gruppenehen.[63]

9.4.2 Personen des öffentlichen Lebens, die eine offene Beziehungsform bevorzugten und auch gelebt haben

Nicht nur der „normale Mensch“ experimentierte mit alternativen und offenen Beziehungsformen. Auch Menschen, die im öffentlichen Leben standen, bekannten sich dazu, dass sie gerne ihre Sexualität auf diese Weise auslebten. Dazu zählten Personen wie: Jean-Paul Sartre und Simone du Beauvoir, Henry Miller und Anais Nin, Nena und George O´Neill, etc.[64]

9.4.3 Gemeinschaften und Bewegungen sowie Treffpunkte zur Ausübung von offenen Beziehungsformen

In den USA gab es die Organisation „Sandstone“, die jedoch von Kurzlebigkeit gekennzeichnet war, die „Church of all Worlds“, welche bis heute noch existiert und die „Kerita Community“, die in den 1990ern beendet wurde und deren Ziel darin bestand, die freie Liebe mit dem christlichen Gedankengut zu verbinden. Im deutschsprachigen Raum war die wohl bekannteste Gemeinschaft zur Ausübung der freien Liebe die „Otto-Mühl-Kommune“. Mitglieder durften dort keine langfristige Beziehung zu zweit führen. Außerdem vertrat die „Otto-Mühl-Kommune“ die Meinung, dass freie Liebe und Promiskuität gleichzusetzen seien.[65]

[63] http://christianruether.com/wp-content/uploads/2013/02/Gesch-Freie-Liebe-offene-Ehe-und-Polyamory.pdf

[64] http://christianruether.com/wp-content/uploads/2013/02/Gesch-Freie-Liebe-offene-Ehe-und-Polyamory.pdf

[65] http://christianruether.com/wp-content/uploads/2013/02/Gesch-Freie-Liebe-offene-Ehe-und-Polyamory.pdf

9.4.4 Entwicklung freier Liebe und offener Beziehungsformen seit den 1980ern

Seit dem Ende der 1970er Jahre geschah in Sachen „freier Liebe" nicht mehr so viel. Viele Experimente, die mit der Ausübung von freier Liebe zu tun hatten, scheiterten. Menschen, die sich daran beteiligt hatten, entschlossen sich letztlich, dass sie doch das „normale Leben", nämlich eine langfristige Beziehung zwischen zwei Personen, bevorzugten. Mit Beginn der 1980er wurde auch das Thema AIDS schlagend und als Gefahr für die öffentliche Gesundheit deutlich ernster genommen. Man kann sagen, dass in den 1980ern keine wesentlichen und einschneidenden Ereignisse existierten, die im Zusammenhang mit dem Ausleben offener Liebe geschahen.[66]

[66] http://christianruether.com/wp-content/uploads/2013/02/Gesch-Freie-Liebe-offene-Ehe-und-Polyamory.pdf

10. Rechtliche Grundlagen für Paare in einer polyamourösen Beziehung in Deutschland

Viele Menschen haben unterschiedliche Bedürfnisse nach einem gemeinschaftlichen und/oder zwischenmenschlichen Leben. Die einen leben gerne als Single, die anderen in einer klassischen Zweierbeziehung. Viele Menschen leben in einer Kleinfamilie, mit den klassischen Rollenverteilungen – Vater, Mutter, Kind -, andere bevorzugen mehrere Lebenspartner. Doch inwieweit werden Politik und Gesetzgeber einer Viel-Beziehung gerecht?

10.1 Möglichkeiten der rechtlichen und evtl. finanziellen Absicherung

Eingetragene Partnerschaften sind im Lebenspartnerschaftsgesetz rechtlich geregelt. Damit werden gleichgeschlechtliche Beziehungen in vielen Bereichen der Ehe gleichgestellt. Sowohl mit dem Jahressteuergesetz 2010 als auch in zahlreichen wichtigen Urteilen des Verfassungsgerichtes und des Europäischen Gerichtes wurde die Gleichstellung von anderen rechtlichen Gebieten für eingetragene Lebenspartner erreicht. Es kam zu Änderungen im Beamtenrecht. In der Zukunft kann es unter Umständen auch zu einer kostenlosen Mitversicherung des Partners in der Krankenkasse kommen. Als letztes müsste noch das Ehegattensplitting beseitigt werden.[67]

Das Lebenspartnergsesetz wurde am 1.1. 2005 eingeführt. Seitdem werden die Partner einer eingetragenen Lebenspartnerschaft in die Hinterbliebenenversorgung und in die gesetzliche

[67] http://www.finanztip.de/lebenspartnerschaft/

Unfallversicherung mit einbezogen. Das Lebenspartnerschaftsgesetz definiert diese.[68]

10.2 Betriebliche Altersversorgung in einer homosexuellen Partnerschaft

Der EuGH nahm mit seinem Urteil einen weiteren Meilenstein für eine eingetragene Lebenspartnerschaft. Nach diesem Urteil darf kein Unterschied mehr gemacht werden, ob die Partner in einer Ehe oder in einer eingetragenen Lebenspartnerschaft leben. Vereinbarungen, die anders lauten, gelten als diskriminierend. Eine niedrigere Zusatzversorgung für einen eingetragenen Lebenspartner als für Eheleute ist daher wegen Diskriminierung unzulässig.[69]

10.3 Diskriminierung wegen sexueller Ausrichtung

Der Kläger war Verwaltungsangestellter, als er im Jahr 1990 schließlich erwerbsunfähig wurde. Er lebte in einer aufrechten homosexuellen Partnerschaft mit seinem Lebenspartner. Im Oktober 2001 ließen die Partner eine Lebenspartnerschaft eintragen und der Kläger teilte dies seinem Arbeitgeber mit. Er beantragte die Neuberechnung seiner Zusatzversorgungsbezüge unter Zugrundelegung des günstigeren Lohnsteuerabzuges. In der Folge wurde die Neuberechnung abgelehnt, da nur dauernd getrennt lebende Versorgungsempfänger Anspruch auf die Leistung hätten. Der EuGH sprach dem Kläger die höhere Versorgung zu. Die Situation ist ähnlich wie die eines Ehepartners. Eingetragene Lebenspartner sind nämlich auch zum gegenseitigen Unterhalt verpflichtet. Darum sind eingetragene Lebenspartner wie Verheirate-

[68] http://www.finanztip.de/lebenspartnerschaft/

[69] http://www.finanztip.de/lebenspartnerschaft/

te zu behandeln und dürfen bei der Berechnung der Zusatzversorgung nicht diskriminiert werden. Dieses Urteil gilt nicht nur für öffentliche, sondern auch für private Arbeitgeber.[70]

10.4 Rechtswirkungen von eingetragenen Lebenspartnerschaften[71]

- gegenseitige Fürsorge – und Unterhaltspflichten
- gemeinsame Wahl des Namens
- die Verwandten des Lebenspartners sind deren Schwager, sie sind verschwägert
- das Erbrecht wird angepasst
- „kleines Sorgerecht" für das Kind des anderen Partners
- Gleichstellung in der Unfallversicherung und Krankenpflege
- Adoption durch den Lebenspartner

10.5 Erbrecht des überlebenden Partners

Im Lebenspartnerschaftsgesetz ist das Erbrecht unter den Lebenspartnern geregelt. Gibt es weder Verwandte ersten noch zweiten Grades des verstorbenen Lebenspartners, dann erhält der Lebenspartner alles. Das Erbrecht des überlebenden Partners entfällt, wenn zum Todeszeitpunkt die Voraussetzungen für die Aufhebung der Lebenspartnerschaft nicht gegeben waren und die Aufhebung beantragt wurde und der Erblasser zugestimmt hat.[72]

[70] http://www.finanztip.de/lebenspartnerschaft/

[71] http://www.finanztip.de/lebenspartnerschaft/

[72] http://www.finanztip.de/lebenspartnerschaft/

10.6 Erbschaftssteuer

Eingetragene Lebenspartner werden nicht mehr gegenüber Eheleuten hinsichtlich der Erbschaftssteuer benachteiligt. Das Bundesverfassungsgericht hatte entschieden, dass Partner, die in eingetragenen Lebenspartnerschaften leben, dieselben Freibeträge und Steuersätze geltend machen können wie Verheiratete. Das Bundesverfassungsgericht bestärkt seine Rechtsprechung damit, dass der Schutz der Ehe nicht allein der Grund für eine Benachteiligung von Lebenspartnern sein kann.[73] Mit dem Jahressteuergesetz 2010 kam es zu einer völligen Gleichstellung von Lebenspartnern und Eheleuten hinsichtlich der Erbschaftssteuer und der Schenkungssteuer.[74]

10.7 Grunderwerbssteuer und eingetragene Lebenspartner

Mit dem Jahressteuergesetz 2010 wurden eingetragene Lebenspartner auch hinsichtlich der Grunderwerbssteuer gleichgestellt. Werden Grundstücke zwischen Lebenspartnern übertragen, fällt keine Grunderwerbssteuer mehr an. Eingetragene Lebenspartner können die Liegenschaft des Partners kaufen oder im Wege einer Erbschaft erwerben.[75]

[73] http://www.finanztip.de/lebenspartnerschaft/

[74] http://www.finanztip.de/lebenspartnerschaft/

[75] https://gruene-jugend.de/ist-monogamie-die-losung/

10.8 Möglichkeiten der Kindererziehung und Sorgerechtsproblematik

In vielen Partnerschaften, egal ob Ehe, eingetragene Lebenspartnerschaft oder Partnerschaft, spielen Kinder eine wesentliche Rolle. Teilweise werden Kinder aus einer anderen Partnerschaft mitgebracht oder die Partner hegen den Wunsch nach gemeinsamen Kindern. Lebenspartnerschaften mit Kindern sind sogenannte „Regenbogenfamilien“.[76]

10.9 Adoption und Stiefkindadoption

Seit 1.1. 2005 besteht die Möglichkeit, dass ein eingetragener Lebenspartner das leibliche Kind des anderen Partners adoptieren kann, die sogenannte „Stiefkindadoption“. Das Kind erhält den Status eines „gemeinschaftlichen Kindes“.[77]

Das Verbot der Sukzessivadoption wurde vom Bundesverfassungsgerichtshof im Jahr 2013 aufgehoben. Diese ist seitdem auch zwischen Eheleuten möglich. Eine gemeinschaftliche Adoption ist weiterhin möglich. Unter Sukzessivadoption versteht man, dass der eine Lebenspartner das vom anderen Lebenspartner allein adoptierte Kind nachträglich adoptiert.[78]

Genießt ein Kind die Stellung eines gemeinschaftlichen Kindes, richtet sich auch die Obsorge über das Kind nach den Vorschriften des BGB. Trennen sich die Partner, bleibt die gemeinsame Obsorge bestehen und kann auf Antrag übertragen werden.[79]

[76] https://www.scheidung.de/lebenspartnerschaft.html
[77] https://www.scheidung.de/lebenspartnerschaft.html
[78] https://www.scheidung.de/lebenspartnerschaft.html
[79] https://www.scheidung.de/lebenspartnerschaft.html

10.10 Mitsorgerecht

Der Lebenspartner eines allein sorgeberechtigten Elternteiles hat das Recht zur Mitbestimmung in Angelegenheiten, die das tägliche Leben des Kindes betreffen sowie zu Handlungen, wenn Gefahr im Verzug besteht. Das Mitsorgerecht kann jedoch nicht angewandt werden, wenn der Elternteil-Lebenspartner des anderen Elternteils des Kindes mitsorgeberechtigt ist.[80]

Das Mitsorgerecht ist beendet, wenn sich die Lebenspartner trennen und der sorgeberechtigte Lebenspartner mit der Mitsorge nicht mehr einverstanden ist oder der Lebenspartner stirbt.[81]

10.11 Lebenspartnerschaftsname

Lebt das Kind im gemeinsamen Haushalt der eingetragenen Lebenspartner, kann das Kind den gemeinsamen Lebenpartnerschaftsnamen erhalten. Ist der andere Lebenspartner nur mitsorgeberechtigt, muss derjenige Partner, der den Namen des Kindes führt, auch einwilligen.[82]

10.12 Umgangsrecht

Der Lebenspartner oder der frühere Elternteil hat ein Umgangsrecht mit dem Kind.[83]

Da das Eherecht und das Lebenspartnerschaftsgesetz Regelungen hinsichtlich einer Ehe sowie einer eingetragenen Lebenspartnerschaft trifft, können diese Gesetze, die steuerlichen Begünstigungen und die Regelungen hinsichtlich Unterhalt und

[80] https://www.scheidung.de/lebenspartnerschaft.html
[81] https://www.scheidung.de/lebenspartnerschaft.html
[82] https://www.scheidung.de/lebenspartnerschaft.html
[83] https://www.scheidung.de/lebenspartnerschaft.html

Sorgerecht betreffen. Alle diese Ausführungen können aus rechtlicher Sicht daher auch nicht auf polyamore Beziehungen angewendet werden, denn diese sind vom Eherecht und vom Lebenspartnerschaftsgesetz nicht erfasst. Hier stellt sich nicht nur eine rechtliche, sondern auch eine faktische Frage.

10.13 Parteiprogramm der Grünen Jugend zum Thema „Polyamorie"

Die Grüne Jugend steht dem „traditionellen Familienbild" äußerst kritisch gegenüber und nimmt Abstand davon, dieses als einzig akzeptable Lebensweise zu sehen. Sie vertritt die Meinung, dass die klassische Kleinfamilie, bestehend aus Vater, Mutter und Kind /Kindern, den Bedürfnissen vieler Menschen gar nicht mehr gerecht werden kann. Diese Form der Familie wurde nämlich erst vor knapp 100 Jahren als klassisches Familienbild gezeichnet. Bis dahin waren eher polyamore oder polygame Lebensformen natürlich.[84]

Die Grüne Jugend vertritt eindeutig die Auffassung, dass die offene Beziehung oder die offene Ehe eher einer modernen bzw. zeitgemäßen Lebensweise entspricht. Sie sehen die Ehe, die klassische Zweierbeziehung zwischen Mann und Frau, als Einengung und Behinderung in deren Entfaltung. Frauen, Homosexuelle und anders lebende Menschen werden in Deutschland finanziell eher benachteiligt.[85]

Ebenfalls ist die Grüne Jugend für die Abschaffung der klassischen Zweierehe. Statt dessen soll eine Art Zivilpakt eingeführt werden, welcher nach dem französischen Vorbild geschaffen werden soll. Jeder und jede soll in diesem Pakt Rechte und Pflichten je nach Belieben übertragen können. Die Begründung liegt darin,

[84] https://gruene-jugend.de/ist-monogamie-die-losung/

[85] https://gruene-jugend.de/ist-monogamie-die-losung/

dass viele Menschen sich Beziehungen mit zeitlicher Beschränkung, Beziehungen mit mehreren Personen oder Freundschaften mit Sex wünschen. Wer auf diese Weise leben möchte, soll auch nicht vom Staat benachteiligt werden und in der Entfaltung behindert werden. Die Grüne Jugend steht für ein alternatives Zusammenleben und Patchwork-Familien ein![86] Sie fordert nun eine Erweiterung des eingeführten Lebenspartnerschaftsgesetzes. Zwar brachte es viele Vorteile und Entwicklungen für homosexuelle Paare, polyamore oder alternativ lebende Paare wurden aber nicht berücksichtigt.[87]

Insgesamt wünscht sich die Grüne Jugend, dass nicht nur Ehen und Lebenspartnerschaften den Schutz des Grundgesetzes genießen, sondern auch alternative und polyamore Lebensformen. Weiterhin sollen sie, ebenso wie die Ehe, als „ideale Lebensform" gelten, was dieselben Rechte und die Gleichstellung beinhalten würde. Es darf nicht von Bedeutung sein, ob die Partner in einer hetero- oder homosexuellen Beziehung leben oder ob diese Beziehung von zwei oder mehreren Personen geführt wird. Außerdem soll das französische Modell herangezogen werden, Rechte sollen flexibel übertragbar sein, die Scheidung soll einfacher und günstiger und von einem Notar durchgeführt werden können. Homosexuelle Paare müssen heterosexuellen Paaren ausnahmslos gleichgestellt werden.[88]

[86] https://gruene-jugend.de/ist-monogamie-die-losung/

[87] https://gruene-jugend.de/ist-monogamie-die-losung/

[88] https://gruene-jugend.de/ist-monogamie-die-losung/

11. Vernetzung von Menschen, die Polyamorie leben

Im Gegensatz zum US-amerikanischen Raum sind der Begriff und die Lebensweise von Polyamorie nicht so weit verbreitet bzw. wird diese auch nicht in dieser Form ausgelebt. Zwei Netzwerke sind im deutschsprachigen Raum besonders etabliert: das **Zegg** und das **Tamera**.[89]

Nationale Möglichkeiten im deutschsprachigen Raum

Das Zegg

Das Zegg ist das Zentrum „freier" oder „befreiter" Liebe insbesondere im deutschsprachigen Raum (Deutschland, Österreich, Schweiz) und für Menschen, die noch mit ihrer Lebensführung experimentieren. Es befindet sich in der Umgebung von Berlin.[90]

Gegründet wurde das Zegg in den 1990er Jahren. Seit damals erlebt es eine stetige Weiterentwicklung. Die Menschen, die dort leben und sich dort aufhalten, beschäftigen sich im Wesentlichen mit dem Thema der „befreiten" oder „freien" Liebe sowie mit offenen und alternativen Lebens- und Liebesformen. Damit unterscheidet es sich auch von anderen Gemeinschaften und Netzwerken. In diesem Zentrum leben an die 80 Erwachsene, die in Workshops und Seminaren über ihre Leben und ihre Lebensweise sprechen und reflektieren sowie Frage und Antwort stehen für alle

[89] http://christianruether.com/wp-content/uploads/2013/02/Gesch-Freie-Liebe-offene-Ehe-und-Polyamory.pdf

[90] http://christianruether.com/wp-content/uploads/2013/02/Gesch-Freie-Liebe-offene-Ehe-und-Polyamory.pdf

anderen Mitglieder der Gemeinschaft. Dort gibt es eine Menge an verschiedenen gelebten Beziehungsformen zwischen den da lebenden Mitgliedern. Sie leben wie eine Lebensgemeinschaft zusammen und arbeiten dort auch gemeinsam.[91]

Finanziert wird das Zentrum über den Seminar- und Gästebetrieb, der im Sommer stattfindet. Die Mitglieder zahlen Miete für ihre Wohnungen. Firmen, die dort ansässig sind, finanzieren das Zegg ebenfalls. Die finanzielle Verantwortlichkeit trägt jedes Mitglied für sich selbst. Einen bestimmten Betrag für das Wohnen in einem Haus oder in einer Wohnung sowie für die Lebenshaltungskosten wie Ernährung und Haushaltsgeld bezahlen die Mitglieder aus einer Gemeinschaftskasse.[92]

Das Zegg wird demokratisch geführt. Für die Arbeitsbereiche und Abteilungen gibt es Ausschüsse wie z.B. Küche, Organisation von Tagungen oder Betreuung von Kindern. Außerdem gibt es dort ein oberstes Exekutivorgan, den sogenannten 13er-Rat. Der 13er-Rat setzt sich aus je einem Mitglied der einzelnen Ausschüsse zusammen. Die rechtliche Gesellschaftsform ist eine GmbH. Es gibt einen Geschäftsführer und einen Anteilseigner. Die GmbH ist Trägerin des Tagungs- und Seminarbetriebes und tritt im Grundbuch als Eigentümerin des Grundstückes auf, auf dem das Zegg steht. Alle Mitglieder des Zegg sind auch Anteilseigner der GmbH.[93]

Die Mitglieder bestimmen in den Ausschüssen mit und nehmen ihre Mahlzeiten gemeinsam ein, (dreimal täglich). Abgesehen davon gibt es beim Zegg noch Foren. Dort können persönliche Anliegen und Angelegenheiten vorgetragen und aufgearbeitet

[91] http://christianruether.com/wp-content/uploads/2013/02/Gesch-Freie-Liebe-offene-Ehe-und-Polyamory.pdf

[92] http://christianruether.com/wp-content/uploads/2013/02/Gesch-Freie-Liebe-offene-Ehe-und-Polyamory.pdf

[93] http://christianruether.com/wp-content/uploads/2013/02/Gesch-Freie-Liebe-offene-Ehe-und-Polyamory.pdf

werden. Man kann diese Foren mit einer Art Selbsthilfegruppe oder Therapiegruppe vergleichen. Oder aber es werden in den Foren Konflikte, die in der Gemeinschaft aufgetreten sind, oder die allgemeine Situation und Befindlichkeit der Menschen aufgearbeitet und vorgetragen. Die anderen Mitglieder helfen dann, diese Probleme zu lösen oder die Situation zu verbessern. Jedes Forum wird von einem eigens geschulten Forumsleiter begleitet. Die Gruppe gibt ihr Feedback.[94]

Die Foren sind für die Mitglieder des Zegg ein sehr wichtiges Instrument. Es ist ein Ort der Begegnung und bietet den Mitgliedern eine Möglichkeit, zu wachsen und sich zu entfalten. Im Zentrum herrscht ein Jahresbetrieb. Im Frühjahr und Sommer gibt es offene Zeiten. Gäste haben dann die Möglichkeit, das Zegg zu besuchen, die Lebensweise der Menschen zu erkunden und kennenzulernen sowie sich selbst zu entdecken. Alles dreht sich um das Thema „befreite" oder „freie" Liebe. Behandelt und vorgetragen werden auch die Themen Politik, Kunst und Kultur. Gäste bekommen die Chance, an Seminaren teilzunehmen, die von den Bewohnern angeboten werden. Sie können auf diese Weise auch die Besucher kennenlernen und mehr über deren Lebensweise erfahren.[95]

Neben den offenen Zeiten gibt es auch geschlossene Zeiten. Diese finden im Herbst und Winter statt. Die Gemeinschaft lebt dann unter sich. Die Zeit wird genutzt, um die Erfahrungen, welche die Mitglieder in den offenen Zeiten gemacht haben, zu reflektieren und zu verarbeiten. Die Beziehungen unter den Mitgliedern des Zegg werden in der geschlossenen Zeit vertieft und eine gemeinsame Zukunft kann geplant werden.[96]

[94] http://christianruether.com/wp-content/uploads/2013/02/Gesch-Freie-Liebe-offene-Ehe-und-Polyamory.pdf

[95] http://christianruether.com/wp-content/uploads/2013/02/Gesch-Freie-Liebe-offene-Ehe-und-Polyamory.pdf

Das Tamera

Sabine Lichtenfels und Dieter Duhm gründeten in der Stadt Colos in Portugal das „Tamera“. Das Konzept des Tamera entstand als ein sogenanntes „Heilungsbiotop“. Dort soll das Thema „befreite Liebe“ näher erforscht und auch gelebt werden. Es gibt zahlreiche Projekte, die sich vor allem dem Frieden und einer ökologischen Veränderung widmen. Die Mitglieder der Tamera leben zum Teil in offenen Beziehungen. In den Jahren 2006 bis 2009 wurde ein Experiment innerhalb der Gemeinschaft durchführt. 200 Teilnehmer nahmen daran teil. Es sollte als Pilotkonzept für weitere Formen alternativer Lebensformen dienen.[97]

Sowohl „Tamera“ als auch „Zegg“ gehen auf Experimente der Gründer Lichtenfels und Duhm zurück. Zum Beispiel gab es das Experiment der sogenannten „Blauhütte“. In den frühen 1980ern experimentierte man dort mit „freier Liebe“. Die Organisation der „Tamera“ ist deutlich monarchistischer als die des Zegg. Lichtenfels und Duhm sehen sich als geistige und organisatorische Führer der Gemeinschaft.[98]

Neben dem Zegg und der Tamera gibt es noch andere kleine Formen von Gemeinschaften und Kommunen, in denen offene Beziehungen und „freie“ Liebe gelebt werden.[99]

[96] http://christianruether.com/wp-content/uploads/2013/02/Gesch-Freie-Liebe-offene-Ehe-und-Polyamory.pdf

[97] http://christianruether.com/wp-content/uploads/2013/02/Gesch-Freie-Liebe-offene-Ehe-und-Polyamory.pdf

[98] http://christianruether.com/wp-content/uploads/2013/02/Gesch-Freie-Liebe-offene-Ehe-und-Polyamory.pdf

[99] http://christianruether.com/wp-content/uploads/2013/02/Gesch-Freie-Liebe-offene-Ehe-und-Polyamory.pdf

Polyamorie.de

Auf der Seite polyamorie.de finden Sie alles zum Thema Polyamorie. Dort gibt es Tipps und Tricks, wie Sie mit Menschen umgehen, die nicht „poly" sind, Definitionen, Arten der Polyamorie etc.[100]

Polyamore Community im Internet

Auch im Internet sind zahlreiche Gruppen, Foren, Chatrooms etc. zu finden, in denen Polys Gleichgesinnte treffen bzw. sich über Erfahrungen austauschen können.

Zum Beispiel:

- poly-ch

Hierbei handelt es sich um eine aktive Liste, die viele Mitglieder aus dem deutschsprachigen Raum enthält. Sie müssen sich registrieren, um daran teilnehmen zu können. Sie bekommen dann alle Emails und können auf diese antworten, sich verabreden oder Diskussionen führen bzw. eröffnen.[101]

Diskussionsforen

- poly.de Mailingliste

Poly-de Mailingliste ist eine deutschsprachige Liste. Sie können sich sehr schnell und leicht registrieren.[102]

[100] http://www.polyamorie.de/
[101] https://www.polyamory.ch/doc/community_deutsch
[102] https://www.polyamory.ch/doc/community_deutsch

- poly-treff.de

Auf poly-treff.de können Sie sich in eine Mailingliste eintragen. Außerdem haben Sie die Möglichkeit, einen Blog einzurichten und die Foren zu nutzen.

Beziehungsgarten Forum

Hier treffen sich Menschen, die sich über ihre polyamorösen Aktivitäten austauschen wollen und sind unter beziehungsgarten.-net/forum zu finden.[103]

- studiVZ / meinVZ

Auf der Studentenplattform bzw. auf der Plattform für Nichtstudenten bestehen mehrere Poly-Gruppen. Sie müssen sich jedoch registrieren, um an den Diskussionen teilnehmen zu können.[104]

- JOYClub

Auf JOYClub gibt es eine Gruppe, die ein Diskussionsforum zum Thema „Polyamorie“ anbietet. Um freien Zugang genießen zu können, müssen Sie sich registrieren.[105]

- Polyamore Forum

Unter www.polyamore.de finden Sie ein Forum, welches eine nicht moderierte Diskussionsplattform darstellt.[106]

[103] https://www.polyamory.ch/doc/community_deutsch

[104] https://www.polyamory.ch/doc/community_deutsch

[105] https://www.polyamory.ch/doc/community_deutsch

[106] https://www.polyamory.ch/doc/community_deutsch

- Polyamores Netzwerk e.V. (PAN)

Hier werden Menschen unterstützt, die in mehreren Liebesbeziehungen stehen bzw. so eine anstreben. Kontakt finden Sie unter presse@polyamory.de[107]

- Livejournal

Livejournal ist ein Forum für Menschen, die in poly-Beziehungen leben.[108]

- Chat

irc://irc.lugs.ch:6667/#polyamory bietet einen Kanal, an dem Polys teilnehmen können oder sich über einen Webchat anmelden können.[109]

Kontaktbörsen und Partnervermittlung[110]

- Poly-date.de

Über diese Seite können Sie Polys kennenlernen. Diese Seite ist kostenlos.

- OpenLovers

Hierbei handelt es sich um eine Art Partnervermittlung zwischen Menschen, die nicht in monogamen Beziehungen leben möchten.

- Polyliebe

Kontaktbörse für Menschen, die viele lieben wollen.

107 https://www.polyamory.ch/doc/community_deutsch
108 https://www.polyamory.ch/doc/community_deutsch
109 https://www.polyamory.ch/doc/community_deutsch
110 https://www.polyamory.ch/doc/community_deutsch

- PAM

Dating- Angebot für Polyamorie.

- Okcupid und Lotuscafe

Für Polys, die sich suchen und finden.

- Veggiecommunity

Diese Seite bietet eine Möglichkeit, andere Polys zu finden. Man kann seinen Beziehungsstatus auf „polyamor" setzen.

StudiVZ, MeinVZ und Facebook

Bieten Gruppen, den eigenen Beziehungsstatus kann man auf „offene Beziehung" setzen.

Blogs[111]

Es gibt Menschen, die in polyamoren Beziehungen leben und über ihr Leben in Blogs schreiben. Diese sind unter anderem auf diesen Seiten zu finden.

- http://www.0x1b.ch/blog/
- http://www.freieslieben.de/
- http://polyamor.blog.de/
- http://www.polyamor.de/blog/

[111] https://www.polyamory.ch/doc/community_deutsch

12. Polyamorie in der Literatur

Das Thema „Polyamorie“ wurde in verschiedenen Ausprägungen und in unterschiedlichen geschichtlichen Epochen erarbeitet. Das zeigt, dass „Polyamorie“ durchaus keine „Hippie-Bewegung“ ist, sondern dass bereits die Menschen des 19. Jahrhunderts den Wunsch nach freier Liebe hegten.

12.1 „Wahlverwandtschaften“ (1809), Johann Wolfgang von Goethe

Eduard und Charlotte sind wohlhabend und verheiratet. Die beiden finden sich zwar in einer gewissen Weise sympathisch. Dennoch fehlt in ihrer Beziehung Liebe und Leidenschaft. Aus diesem Grund widmen sie sich lieber dem Umbau ihres Landschaftsparks als ihrer Beziehung.[112] Eines Tages bekommen Charlotte und Eduard Besuch. Es ist der Hauptmann Otto, einer alter Freund von Eduard. Er hat kein Geld mehr und braucht ein Dach über dem Kopf. Otto wird von seiner Nicht Ottilie begleitet, die nach dem Tod ihrer Eltern ebenfalls ohne Geld dasteht.[113]

Otto hilft Eduard beim Bau des Landschaftsparks. Ottilie und Charlotte kümmern sich um den Haushalt. Mit der Zeit entwickelt Eduard Gefühle für Ottilie, genauso wie Charlotte und Otto füreinander.[114] Schließlich gesteht Otto Charlotte seine Liebe. Obwohl sie diese erwidert, möchte sie aus Respekt ihrem Ehemann gegenüber keine Liebesbeziehung mit Otto eingehen.

[112] http://www.zusammenfassung.info/die-wahlverwandtschaften-zusammenfassung

[113] http://www.zusammenfassung.info/die-wahlverwandtschaften-zusammenfassung

[114] http://www.zusammenfassung.info/die-wahlverwandtschaften-zusammenfassung

Eduard geht mit seiner Affäre mit Ottilie jedoch sehr offen um. Charlotte findet es heraus und schickt Ottilie weg.[115]

Eduard zieht aus diesem Grund auf ein anderes Anwesen. Auch Otto verlässt Charlotte, weil er einen Job findet. Ottilie und Charlotte bleiben alleine auf dem Anwesen zurück und versuchen einigermaßen miteinander zu leben. Charlotte merkt, dass sie schwanger ist und hofft, dass sie ihre Ehe mit Eduard retten kann. Doch Eduard zieht indessen in den Krieg.[116]

Während Eduard im Krieg kämpft, bauen Charlotte und Ottilie das Landgut weiter aus. Charlottes Kind kommt zur Welt. Das Kind sieht aber Otto und Ottilie ähnlich, nicht Eduard und Charlotte. Als Eduard nach einem Jahr aus dem Krieg zurückkehrt, plant er ein neues Leben mit Ottilie. Er möchte Charlotte zur Scheidung überreden.[117] Otto macht sich auf den Weg zum Landgut. Eduard sucht währenddessen seine Geliebte Ottilie und findet sie am See gemeinsam mit dem Kind. Eduard erzählt seiner Ottilie von seinen Plänen, aber Ottilie möchte zuerst mit Charlotte darüber sprechen. Sie geht über das Wasser, das Kind fällt ins Wasser und ertrinkt.[118]

Als Charlotte vom Tod ihres Kindes erfährt, stimmt sie der Scheidung zu. Eduard freut sich und hofft, dass er mit Ottilie neu anfangen kann. Ottilie gibt sich jedoch die Schuld am Tod des Kindes, verweigert Essen und Sprechen. Schließlich stirbt sie.

[115] http://www.zusammenfassung.info/die-wahlverwandtschaften-zusammenfassung

[116] http://www.zusammenfassung.info/die-wahlverwandtschaften-zusammenfassung

[117] http://www.zusammenfassung.info/die-wahlverwandtschaften-zusammenfassung

[118] http://www.zusammenfassung.info/die-wahlverwandtschaften-zusammenfassung

Eduard und Ottilie werden nebeneinander beerdigt. Charlotte hofft auf eine Zukunft mit Otto.[119]

Johann Wolfgang von Goethe beschreibt in „Die Wahlverwandtschaft“ eine Liebesbeziehung, die keine Erfüllung findet und spielt damit auf seine eigene Situation an. Diese Geschichte ist ein Beispiel dafür, dass Polyamorie nicht immer nur die schönen Seiten einer polyamourösen Beziehung enthält. An dieser Geschichte können Sie wunderbar erkennen, dass nicht jeder mit einer solchen Konstellation umgehen kann, selbst wenn er dies vorgibt. Eine solche Konstellation kann auch dazu führen, dass die Beteiligten daran zerbrechen und unglücklich werden.

12.2 Simone-Lucie-Ernestine-Marie Bertrand de Beauvoir und Jean-Paul Sartre: „Der Liebespakt“

Der Film „Der Liebespakt“ ist der wohl bekannteste Film und erzählt die besondere Geschichte zwischen den beiden Philosophen Simone de Beavoir und Jean-Paul Sartre.[120]

Philosophiestudentin Simone de Beavoir studiert in Paris. Generell hat sie kein Interesse an Männern und lässt es auch nicht zu, dass Männer um sie werben. Vielmehr versucht sie ihre Freundin davon abzuhalten, einen Mann zu heiraten und ihr Studium deswegen abzubrechen. Die Ehe bedeutet für Simone die Versklavung der Frau. Sie möchte niemals einem Mann dienen müssen und ihm unterworfen sein. Jean-Paul Sartre interessiert sich sehr für Simone, aber sie wehrt seine Annäherungsversuche sehr entschlossen ab. Schließlich gelingt es Jean-Paul, sie zu einem Treffen zu überreden und sie lernen gemeinsam für ihre Ab-

[119] http://www.zusammenfassung.info/die-wahlverwandtschaften-zusammenfassung

[120] https://de.wikipedia.org/wiki/Der_Liebespakt:_Simone_de_Beauvoir_und_Sartre

schlussprüfung in Philosophie. Simone ist damals die jüngste Studentin, die zur Abschlussprüfung auf der Universität zugelassen wird.[121]

Im Sommer entscheidet sich Jean-Paul dazu, Simone in Meyrignac zu besuchen. Dort zeigt sie ihm eindeutig, dass er unerwünscht ist. Nach einem Faustkampf mit ihrem Vater ist Simone begeistert und beeindruckt, wie sehr Jean-Paul sich für sie einsetzt und um sie kämpft.[122]

Bald stirbt Simones beste Freundin und Simone entschließt sich, einen Liebespakt mit Jean-Paul zu schließen. Zuerst ist es für Simone abstoßend, dass sie sich beide weder für Monogamie noch für Lügen entscheiden und dies auch vereinbaren. Mit der Zeit beginnt sie jedoch, die Vorteile darin zu erkennen.[123]

Beide beginnen als Lehrer in verschiedenen Städten zu arbeiten. Ihre Methode zu unterrichten ist innovativ und gegen die bestehenden Konventionen. Während Jean-Paul einen Job in Paris bekommt, fängt Simone eine Beziehung mit einer ihrer Schülerinnen an. Jean-Paul kehrt zu Simone zurück und beginnt ebenfalls eine Beziehung mit Simones Freundin. Dies hat ein emotionales Gefühlschaos zur Folge. Nachdem Jean-Paul seinen ersten Roman veröffentlichte, möchte Simone die Beziehung zu ihm nicht mehr auf sexueller, sondern auf intellektueller Ebene fortsetzen. Liebhaber, die er daneben hat, akzeptiert sie widerspruchslos.[124]

[121]https://de.wikipedia.org/wiki/Der_Liebespakt:_Simone_de_Beauvoir_und_Sartre

[122]https://de.wikipedia.org/wiki/Der_Liebespakt:_Simone_de_Beauvoir_und_Sartre

[123]https://de.wikipedia.org/wiki/Der_Liebespakt:_Simone_de_Beauvoir_und_Sartre

[124]https://de.wikipedia.org/wiki/Der_Liebespakt:_Simone_de_Beauvoir_und_Sartre

Der Hitler-Stalin-Pakt wird publik. Frankreich steht kurz vor dem Eintritt in den Zweiten Weltkrieg und Jean-Paul wird eingezogen. Er heiratet eine Frau namens Tania. Dadurch erhält er eine Reihe von Vergünstigungen und kann ohne Kriegsverletzungen nach Hause zurückkehren. Dennoch ist ihm der Kampf gegen das „Vichy-Regime" sehr wichtig.[125]

Jean-Paul zieht sich in den Untergrund zurück und macht mit anderen Schriftstellern und Künstlern Flugblattaktionen und Aufführungen von verschiedenen Theaterstücken. Zwischenzeitig stirbt Simones Vater. Simone erkennt, wie ihre Mutter immer mehr ihre Freiheit wiedergewinnt. Simone wird Verführung Minderjähriger vorgeworfen, daher entlässt man sie aus dem Schuldienst.[126]

Sie veröffentlicht ihren ersten Roman im selben Verlag wie Jean-Paul. Während Jean-Paul durch die USA reist, nutzt Simone die Zeit und schreibt weitere Bücher. Sie selbst leidet darunter, dass Jean-Paul nicht bei ihr sein kann. Aber sie leidet unter dem Zeichen der Freiheit und Authentizität. Jean-Paul wird immer attraktiver für die Frauenwelt. Jean-Paul kehrt zurück mit seiner neuen Geliebten, Carmen Colomba. Simone fühlt sich hintergangen. Sie beklagt, dass Jean-Paul nicht ehrlich zu ihr war und wird eifersüchtig.[127]

Im Anschluss reist Simone ebenfalls in die USA und lebt in den Städten Chicago und New York. Dort lernt sie den Kinsey-Report und die Soziologie kennen. Sie beginnt in den USA mit dem Schriftsteller Nelson Algren eine Affäre. Und es entsteht die Idee, ein philosophisches Buch der Frau zu schreiben. Sie verfasst

[125]https://de.wikipedia.org/wiki/Der_Liebespakt:_Simone_de_Beauvoir_und_Sartre

[126]https://de.wikipedia.org/wiki/Der_Liebespakt:_Simone_de_Beauvoir_und_Sartre

[127]https://de.wikipedia.org/wiki/Der_Liebespakt:_Simone_de_Beauvoir_und_Sartre

das Buch „Das andere Geschlecht“ und es wird zu einem weltweiten Bestseller. Nelson möchte sie heiraten und nach Chicago mitnehmen. Aber Simone möchte niemals die Sklavin eines Mannes werden.[128]

Noch bis heute gilt die offene Beziehung zwischen Simone de Beavoir und Jean-Paul Sartre als perfekte Form der Polyamorie. Der Pakt, den Sartre und de Beavoir geschlossen hatten, definierte eine Liebesbeziehung eher als „notwendige Liebe“. Hatten sie Beziehungen mit anderen Personen, so waren dies die „Zufallslieben“. Sie sollten niemals in der Intensität und in der Intimität gelebt werden wie die „notwendige Liebe“.[129]

12.3 „Die Liebesblödigkeit“ von Wilhelm Genazino

Die Literaturgeschichte hat eine Reihe von Liebespaaren zu bieten, die sich in einer heterosexuellen Beziehung befinden. Sie leben zumeist in einer Zweierbeziehung. In der Regel wird der Leser sodann in eine Welt von zwei sich liebenden Menschen geführt, von Mann und Frau. Sie sind füreinander bestimmt. Die Verliebtheit der beiden wird in den Himmel gehoben. Die Geschichten handeln von der Liebe, der Trennung und dem manchmal unüberwindbaren Trennungsschmerz.[130]

Schon längst enttarnt die Soziologie das Modell der klassisch bekannten, romantischen Liebe als eine Art „Utopie“. In der Lite-

[128]https://de.wikipedia.org/wiki/Der_Liebespakt:_Simone_de_Beauvoir_und_Sartre

[129] http://www.theeuropean.de/julia-korbik/8285-offene-beziehung-statt-monogamie

[130] https://books.google.at/books?id=qERoCgAAQBAJ&pg=PA5&dq=die+liebesbl%C3%B6digkeit&hl=de&sa=X&redir_esc=y#v=onepage&q=die%20liebesbl%C3%B6digkeit&f=false

ratur ist die sexuelle Liebesbeziehung zwischen Mann und Frau nicht mehr wegzudenken und hat seit jeher einen Platz in der europäischen Literatur. Die Form der Polyamorie wird in der Literatur aus vielen Gründen eher selten behandelt. Einer der wohl bekanntesten Vorreiter stellt Johann Wolfgang von Goethe dar, in seinem Roman „Wahlverwandtschaften" aus dem Jahr 1809, wie bereits oben erwähnt.[131]

In dem Roman „Die Liebesblödigkeit" geht es um einen intellektuellen Protagonisten. Er verdient sein Geld damit, dass er Vorträge über die Apokalypse und die drohende Gefahr des sogenannten „Freizeitfaschismus" hält. Alles dreht sich darum, dass Randgruppen deklassiert werden und als Unterhaltungsprogramm dienen und die Köpfe der Menschen erobert werden. Die Welt in den Fußgängerzonen, der Intellektuellen und deren Vorhaben erscheint absurd und zerstörerisch. Der Protagonist ist 52 Jahre alt. Er führt ein gutes Leben. Und er führt eine Dreierbeziehung. Einerseits hat er eine Frau namens Sandra, die neun Jahre jünger ist als er selbst. Andererseits liebt er die gleichaltrige Pianistin Judith. Dennoch steht der Protagonist vor seiner Hypochondrie und weiß nicht, von welcher dieser Frauen er sich trennen soll.[132]

Die Liebesblödigkeit behandelt wesentliche Themengebiete. Einerseits greift das Werk die Angst vor Erkrankungen auf, unter anderem auch die Angst, seine Sexualität zu verlieren und danach kein richtiger Mann mehr zu sein.[133] Ein weiteres wichtiges Thema stellen die „beruflichen Grenzgänge von freischwebenden Intellektuellen" dar, die sich in keine Institution retten konnten.

[131] https://books.google.at/books?id=qERoCgAAQBAJ&pg=PA5&dq=die+liebesbl%C3%B6digkeit&hl=de&sa=X&redir_esc=y#v=onepage&q=die%20liebesbl%C3%B6digkeit&f=false

[132] https://de.wikipedia.org/wiki/Die_Liebesbl%C3%B6digkeit

[133] https://de.wikipedia.org/wiki/Die_Liebesbl%C3%B6digkeit

Der Protagonist nimmt seine Welt nicht als real wahr, sie erscheint ihm surreal, als eine Inszenierung, die ihn zu verhöhnen scheint. Einen Kontakt zur Realität muss er erst ganz bewusst herstellen.[134] Das Thema „Liebe" wird als Gewirr aus Missverständnissen und Lügen dargestellt. Offenheit oder Nähe wird zwar gewünscht, scheint aber eine nicht erfüllbare Forderung zu sein. Dennoch ist sie die wichtigste Energie neben der Ausübung des Berufes. Und trotzdem gibt es Momente, in denen Toleranz erlebt wird. Sexualität wird nüchtern gelebt, ohne Hemmungen oder Illusionen. Die Frauen drücken ihre Wünsche klar aus.[135]

[134] https://de.wikipedia.org/wiki/Die_Liebesbl%C3%B6digkeit

[135] https://de.wikipedia.org/wiki/Die_Liebesbl%C3%B6digkeit

13. Ein letztes Wort

Liebe Leser/innen, Polyamorie mag eine faszinierende Welt darstellen. Doch birgt sie mancherlei Problematiken. Diesen kann man nur offen und ehrlich begegnen, negative Gefühle dürfen dabei nicht unterdrückt werden. Sicherlich kehren viele zur klassischen Zweierbeziehung zurück, nachdem sie diese alternative Lebens- und Liebesform ausprobiert haben. Da sich Gefühle nicht ausschalten lassen, sind Eifersucht und Neid sicherlich ein großes Thema. Wofür Sie sich entscheiden oder welche Lebensform Sie ausprobieren möchten, will gut überlegt sein. Vielleicht hat Ihnen dieses Buch einen kleinen Überblick verschafft und ist Ihnen eine Anregung, weitere Recherchen anzustellen. Doch eines sollten Sie auf jeden Fall in Ihrer Beziehung oder Ihren Beziehungen sein:

GLÜCKLICH!

Zeitfracht Medien GmbH
Ferdinand-Jühlke-Straße 7
99095 Erfurt, Deutschland
produktsicherheit@kolibri360.de